语言服务书系·理论研究

生物学范式下的语言研究

李慧 著

暨南大学出版社
JINAN UNIVERSITY PRESS

中国·广州

图书在版编目（CIP）数据

生物学范式下的语言研究／李慧著. —广州：暨南大学出版社，2014. 3
（语言服务书系·理论研究）
ISBN 978－7－5668－0947－6

Ⅰ. ①生… Ⅱ. ①李… Ⅲ. ①生物语言学—研究 Ⅳ. ①H0

中国版本图书馆 CIP 数据核字（2014）第 041547 号

生物学范式下的语言研究
著　　者　李　慧

出 版 人　徐义雄
策　　划　杜小陆　刘　晶
责任编辑　杜小陆　李大强
责任校对　黄　颖　林冬丽　王莎莎
出版发行　暨南大学出版社（广州暨南大学　邮编：510630）
网　　址　http：//www. jnupress. com　http：//press. jnu. edu. cn
电　　话　总编室（8620）85221601
　　　　　营销部（8620）85225284　85228291　85228292（邮购）
排　　版　广州良弓广告有限公司
印　　刷　佛山市浩文彩色印刷有限公司
开　　本　787mm×960mm　1/16
印　　张　7. 25
字　　数　110 千
版　　次　2014 年 3 月第 1 版
印　　次　2014 年 3 月第 1 次
定　　价　22. 00 元

前　言

自从20世纪50年代的“认知革命”以来，“生物语言学”已经成为现代语言学研究的核心。进入21世纪，探索意识的生物学基础成为2005年到2030年亟待解决的25个重大科学课题之一（Miller，2005）。人类意识最明显的标志就是语言能力。研究意识的生物基础与语言的生物机制不可分割。近年来得益于语言学、生物学等领域的发展，“生物语言学”已成为国外语言学领域甚至认知科学领域内出现最频繁的术语之一，醒目地出现在各类谈话、课程、文章、书籍、工作室和会议名称中。2007年国际生物语言学网站创办。生物语言学是一个非常广阔的研究项目，它允许不同渠道的研究，可以是以Chomsky为代表的生成语法学派关于语法属性的研究，也可以是从进化发育生物学、遗传学、神经科学等角度对语言生物机制的研究，还可以是以上两者的结合。生物学范式下的语言学研究对了解人类自然语言的生物和生理机制，探索人类语言的起源和进化，以及对科学地评价一些语言学流派，修正语言学理论假设，促使这些假设升华为真正的理论大有裨益。目前西方生物语言学研究不仅取得了丰硕的研究成果，而且在学科体系中占据十分重要的地位。

相比于国外生物语言学研究的蓬勃发展，国内生物语言学研究起步较晚，目前研究方向主要包含三个方面：①对国外研究成果的译介和综述；②运用分子遗传学手段对语言相关基因的研究；③以当代先进的语言学理论为背景探索语言的神经机制问题，研究内容涉及语法、语义、语音、语用等语言学的各个组成部分。

本书写作的指导思想是语言学的理论假设和语言生物机制的实证研究相互论证，主要内容分为四章。第一章：生物语言学概述。本部分介绍生物语言学的发展历程、复兴的原因、研究范畴和研究意义。第二章：进化一发育生物学、深同源性与语言研究。本部分首先介绍进化一发育生物学与深同源性的概念，随后结合来自分子遗传学和神经生物学的研究成果，探索动物模型在感官指导下的运动学习中，FOXP2 和它的调控基因网络如何塑造皮层—基底神经节回路的神经弹性，以了解人类和动物的发声交流以及人类语言的演化过程。这些来自进化生物学的研究证据将帮助我们批判地重新审视语言的某些特征只属于人类，而不属于其他动物的观点，也将有助于我们理解复杂的认知特征如何改造遗传，从而科学评价各种语言起源和进化的理论框架。第三章：语言功能性元素的遗传视角。本部分介绍目前研究的与遗传性言语和语言障碍有关的候选基因，以及在发展性综合征中的语言表型和相关的遗传组分，揭示了参与神经元分化和功能、与认知和语言机能有关的神经通路和调控网络，为语言学假设，特别是语言机能的遗传性，以及是否具有模块性提供线索。第四章：语言、文化与基因。人类的文化创造活动离不开思维、劳动、语言等三个基本能力。本章分别从语言功能与基因、语言起源和进化的基因线索、基因组进化与文化进化等三方面分析语言和基因的关系，最后从动物模型的选择、遗传技术的局限性以及语言的表型复杂性三方面展望今后研究的方向。

本书写作过程中参考了大量国内外文献资料，也得到了不少同行专家的关心指导，在此一并致谢。尤其感谢暨南大学出版社杜小陆老师为本书的面世出谋划策。本研究成果也获得“北京师范大学珠海分校 2014 年科研成果出版支持计划”经费资助。由于生物语言学发展太快，加之笔者水平有限，书中的错误和欠妥之处在所难免，衷心希望广大读者多提宝贵意见，批评指正，作者将不胜感激。

李　慧

2013 年 8 月于珠海

目　录

1 生物语言学概述

人类使用语言交流思想，解释物质世界、社会道德体系和行为礼仪。语言的传播成为文化发展和延续的首要推动力，因此语言往往被作为文化现象来研究。在西方，把语言定义为一个抽象的符号系统，脱离其心理的、生理的特征来研究，构成了理论语言学的一项传统而悠久的研究范式。而近年来得益于语言学、生物学等领域的发展，“生物语言学”已成为语言学领域甚至认知科学领域内出现最频繁的术语之一。它把语言作为生物现象来研究，探索语言的生物学机制。语言学研究的目的从描写人类语言行为发展到解释人类语言能力，从而构成了与符号理论背道而驰的另外一个重要的研究范式。语言，它作为人类物种共有的天赋特征，在其本质上不同于有机世界任何其他事物，从其出现就成为人类生活的核心。现代进化理论的创立者之一——Alfred Russell Wallace 称之为“人类的智能和精神属性复合体”的中心构件，这一复合体包括人类创造性想象力、语言、对自然现象和错综复杂的社会行为等的记录和解释能力，它有时被简单地称为“人类能力”（Berwick and Chomsky，2011）。该复合体直到最近才在东非部落的祖先中具体化，使现代人类显著地区别于其他动物，这对整个生物世界具有极大的重要性。把人类语言视为生物世界的独有客体，在这种背景下理解和研究语言称为生物语言学视角。

1.1 生物语言学的发展历程

早在 1959 年，“生物语言学”就已出现在 Meader 和 Muyskens（1959）合著的 *Handbook of Biolinguistics*（《生物语言学手册》）一书中。作者提出

利用生物学方法研究言语的所有现象，即从机体组织和外部环境的功能整合的角度解释所有语言，其中讨论了言语产生参与组织的发育、言语器官的胚胎发育、言语过程的器官功能整合、神经肌肉系统整合、语言的决定因素等问题，但当时所受关注度不大，只有寥寥数篇文献引用它。自20世纪50年代的“认知革命”以来，“生物语言学”比其他任何术语都更明确地定义了现代语言学。当时，在 Noam Chomsky、Eric Lenneberg 和 Morris Halle 的推动下，语言学领域将其研究重点从描述外在语言行为转移到一条认知的（实际上是生物学的）道路上来。Chomsky 在 1959 年对 Skinner《口语行为》摧毁性的综述成为里程碑，结合他在《句法结构》一书中对英语口语形态的分析，巧妙地奠定了生成语法的基础，这在《句法理论的若干问题》一书中有更加清晰的说明。事实上 Chomsky 从 20 世纪 50 年代以来一直采用生物语言学的研究方法研究内在语言，他提出了语言获得装置（Language Acquisition Device，LAD）、生成语法（Generative Grammar）、标杠理论（X – bar Theory）、管辖约束理论（Government and Binding Theory）、原则和参数（Principles and Parameters）、最简方案（Minimalist Program）等学说，以说明语言是以规则为基础的复杂交际系统。普遍语法（Universal Grammar）是一切人类语言所必须具有的原则、条件和规则系统，代表了人类语言最基本的东西，是由人脑与生俱来的初始结构决定的，对普遍语法的研究最终要对人脑物质进行科学探索（刘润清，2002）。

20 世纪 60 年代 Lenneberg（1967）的著作 *Biological Foundations of Language*（《语言的生物学基础》）是这一领域的基础性文献，他从脑神经科学的角度研究语言产生的物质基础，把儿童的语言发育看成是受发音器官和大脑等神经机能制约的自然成熟过程，且提出了“关键期”假说。他在该书中强调“语言作为一种自然现象，是人类生物属性的一方面，应该作为生物现象来研究，如研究它的解剖学特征”。《语言的生物学基础》作为一本基础性、开创性的著作，它预见了当代许多有关语言生物学研究的课题。从该书目录得知该书讨论或预见了诸如语言的遗传学、语言的生物学（或生理学）关联、个体语言成长（例如语言获得的过程）、脑进程（如偏侧优势）与语言成长的相互影响、言语和语言的神经学、支持语言的神经机制、物种语言演化等话题。每一话题都催生了目前交叉学科背景下被深度研究的许多领域。它还包含了一个由 Noam Chomsky 写的有关语法形式的附录，以及另一个由 Otto Marx 写的有关该研究项目历程的附录。

1974 年第一届生物语言学大会由 Massimo Piattelli – Palmarini 组织召开，与会者有语言学家、发育生物学家、神经生物学家和其他对语言的习得、起源、进化感兴趣的个人和团体。在会上 Jenkins 极力倡导发行生物语言学研究的期刊。MIT 的科学团体也已成立了生物语言学的研究组织（Boeckx，2011）。生物语言学也成为 1976 年美国科学促进会的年会上，诺贝尔奖得主 Salvador Luria 讲话中极其重要的内容。Salvador Luria 在结束演说时总结道："今天我想单独说明的一个语言学研究的前沿领域是人类语言的生物学研究，也可称之为生物语言学。这一学科领域目前看来高不可攀，正如 50 年前的喜马拉雅山看起来高不可攀一样。然而必须引起高度重视。单独列出这一领域有两层原因：首先，人类语言是一种特殊的机能，通过它，所有有意识的人类行为被过滤出来。此机能的发育可能在从猿类到人类的突变性进化中起着推进作用。其次，在人类大脑独特的人类机能中，只有语言才能给科学家提供一个系统的理论，即 Chomsky 和他的同事们所发展的结构语言学，它有可能经得起生物学数据的检验。即正式的语言结构，加上对语言和大脑结构的一些事实，以及生理学家所提供的关于大脑组织的先进知识，有希望让语言学和神经生物学汇聚，从而给用生物学的方法探索人类心智提供契机。"此后该术语又销声匿迹。

Pinker 和 Jenkins 是继 Chomsky 之后两位坚定的语言天赋论支持者。Pinker（1994）认为语言是一种本能（instinct）而不是发明（invention）。他致力于通过心理语言学和神经语言学的研究来论证语法基因的存在，阐述语言和大脑神经网络的关系。他多次引用 Chomsky 的"普遍语法"的概念，但不赞成 Chomsky 怀疑达尔文进化学说对语言本能的解释。Jenkins（2000）对语言学与生物学的统一以及 Chomsky 提出的有关生物语言学的五个基本问题（即语言知识的构成、获得、使用、相关的大脑机制以及发展进化）进行了有益的探索。

进入 21 世纪，分子神经生物学和分子遗传学被广泛地用来研究语言功能与疾病。王士元（2011）总结了语言研究和基因研究的三点联系：①遗传学与语言学都在研究自然信息系统，这两个系统都具有层级性与适应性。达尔文早就讨论过它们在演化上的相似性，当今的科学家还在继续为此着迷；②关于从基因到大脑再到语言的演化过程。遗传学与语言学都想了解从基因到神经回路再到语言的发展过程。*FOXP2* 的研究是个好的开始，让我们得知哪些基因是语言的基础；③基因和语言都能为我们提供一个研究、了解人类历史的窗口。在《生物语言学方案的发展现状》（2011）中 Berwick 和 Chomsky 着重讨论了生物语言学的两个基本问题：首先，为何语言为人类世系所独有，即进化生物学家所说的独有衍征（Autapomorphy）？其次，为何会有如此多种语言？他们对语言和思想的统一和多样性进行了猜测："我们的祖先以一种完全未知的方式发展了人类概念。约七万五千年前，在东非一小群原始人类中的个体经历了微小的突变，从而提供了'合并'的操作，这一操作把人类概念作为计算原子，产生了有组织的表达，提供了丰富的思想语言。这些过程可能在运算上是完美的，或接近完美。这一创新有明显的优势，蔓延到整个小群体。在稍后阶段，思想的内在语言与感觉运动系统相接，这一复杂的任务可以通过很多种不同的方式以及在不同的时间解决。可能这一任务不牵涉到任何进化。在这些事件的进程中，人类机能成形，获得了我们'道德和智力本性'的良好部分。结局似乎高度多样，但他们有一个必需的统一体，反映了人类在本质上是统一的，正如我们之前假设的一些科学家可能会认为只有一种语言，但有微小的方言变化，主要可能是因为整个在外化的模式中。"

1.2　生物语言学的复兴

目前"生物语言学"已醒目地出现在各类谈话、课程、文章、书籍、工作室和会议名称中。它甚至成为新期刊的刊名，能在蒙特利尔、巴塞罗那和其他地方号召形成各类研究倡议。2007 年国际生物语言学网站创办。目前对生物语言学研究的重新重视有各种缘由。首先，在 Uriagereka 和

Jenkins 的介绍性文章中所坚定采用的跨学科视角无疑重新开启了语言学家与周边学科同事的对话。Jenkins 和 Uriagereka 都强调了从多学科视角正面回答“语言进化的逻辑问题”（人类语言机能这种客体如何在物种中出现）的重要性，从而避免了“轻巧”的适应主义。有趣的是，对生物学中心事件赞成多元论，而少一些适应主义的方法也可以在进化—发育研究范式的出现中看到，并且（生物）语言学家正在经常性地使用此研究方法。这在之后的“进化—发育生物学、深同源性与语言研究”一章中会着重介绍。

其次，欧洲的遗传学家从目前看来很著名的 KE 家族成员中突破性地发现了其语言缺陷与特定基因（*FOXP2*）的联系。20 世纪 90 年代初媒体广泛报道了一个大型三代家族（称为 KE 家族）的许多成员患有由单基因突变引起的所谓的语法特异障碍（Grammar - specific Disorder）（Fisher 等，2006）的新闻。这些报道起源于一篇发表在 *Nature* 上的短讯，短讯称该患病家族成员不能判断、理解和运用语法［一种称为“语言特征盲”（Feature Blindness）的缺陷］。此缺陷在患者自发性言语、书写和复述中都有表现，而根源可能在于潜在的语法程序发生了错误，且表现出单基因遗传模式（Gopnik，1990）。该短讯被认为是人类具有“语法基因”的难得的一手证据，似乎“普遍语法”这一语言学概念已获得生物学研究提供的实证理据。尽管当时还没有鉴定出导致这一障碍的基因，但媒体已高呼发现了“语法基因”。

尽管曾被长期质疑，但语言的遗传基础从此获得了突飞猛进的研究。虽然目前已确信，*FOXP2* 不是语言基因，然而对该基因功能的研究使得语言学家、认知科学家、神经学家和生物学家之间互相发问、彼此交流，以获得对数据的解释。这也成为生物语言学复兴的第二大缘由。在这一过程中他们需要暂时抛弃各自为政的思想，至少需从各自的研究阵营中移步出来，清晰地发表相关的假说。多年来神经语言学家如 David Poeppel 一直强调跨学科的必要性，他尝试规避语言学各分区之间以及与相邻学科间少有的交流（这导致了对生物语言学可行性的怀疑）。幸运的是，在 Chomsky 的推动下，理论语言学家已决定再次造访语言学的最基础领域，探索语言学理论最简方案的合理性，这也成为生物语言学复兴的第三大动力。

首先简要地回顾一下最简方案。在“生成语法”（更确切地说，是扩充的标准理论）的旗帜下，在经历了约15年的有关语言机能性质的集中研究后，Chomsky在20世纪80年代后期感觉到整体的方法已经得到确立，应该对生成事业采取下一步的研究策略。下一步应该尝试高于“解释充分性”。Chomsky区分了三种充分性：观察充分性、描写充分性和解释充分性。其中，他特别重视解释充分性。生成语言学家首要的目标是解释人类获得语言这一壮举的所有精妙之处。一旦感觉到这一模型被充分建立起来之后，人们很自然地就会问道：该如何理解模型中所提到的语言机能的性质，或为什么语言机能会有这种构造模式？

很合理的是，Chomsky超越了解释的充分性，以一种最有野心的方式（即强最简命题）来作出回答。这对语言学界也是一种挑战：是否可以认为语言机能核心的运算系统被最优化设计来满足它所作用的心智/脑的需求？通过优化或完美设计，Chomsky旨在探索语言运算系统的所有性能都遵循最简设计规范，即“光杆输出条件”（计算系统CHL提供的信息对外部的语言使用系统必须是可及的，以制约生成系统的输出表征）。换言之，语言的计算系统，若最简约地分析起来，将只由最有效的算法组成，与心智的其他构件形成接口，以最简单的步骤来计算（或形成）其输出（即表达），使输出与能解释它们的心智器官相交流，从而使它们进入思想和行为。如果强最简方案是正确的，那么语言机能（Faculty of Language，FL）将是一个理想的语言系统。这里必须强调的是，最简方案的观点不是为了证明这一极端理论的正确性，而是想看看这一理论能带我们走多远，这种探索模式能有多大成效。最简理论相当于想询问我们是否能对语言机能有最佳理解，而这也是发现我们对FL理解多少的最好方式。最简方案不能解释的地方标志着我们理解的局限性。如果某人不能理解FL的某个性能P（例如不能以“满足接口需求的运算有效性”的最简原理来解释P），那么P就是我们必须接受的一个东西，是历史或脑进化的偶然事件，是我们不得不承认的FL的某些方面。

从战略上说，最简方案迫使语言学家以“初级单元、操作、接口条件”的方式重新认识以前的研究成果。最简主义者预测，它们中的许多将形成不是语言机能所特有的泛型。这对其他领域的研究者来说是件好事，因为最简主义者表达的概念可能在他们自己的领域也能找到同类物，从而使他们能运用熟悉的方法更容易地进行检测。同时，这类操作使得有关语言进化的“有改良的继承”场景似乎变得更加合理。

总结起来，语言学最简主义会导致语言学隔离主义，是生成语法过于模块化的一个不可避免的阶段。在这个阶段，语言机能作为一个几乎与人类或其他物种的其他认知模块没有任何相似性的自主系统被加以研究。

应该意识到仅仅把最简方案置于复兴的生物语言学研究的中心是不充分的，我们正在构建的这一假设至少会疏远对乔姆斯基学派的语言学理论部分持怀疑态度而仍然把语言视为需要以“生物语言学”方法来研究的生物客体的人们。事实上生物语言学是一个非常广阔的研究项目，允许不同渠道的研究者：形式主义者、功能主义者、主张语言机能独有的先天论者、主张普遍认知（而非关于语言本身）的先天论者。从 Chomsky 到 Givon，从 Lenneberg 到 Tomasello，所有这些人的研究都是生物语言学。在实践上，“生物语言学”常被狭隘地解释为“以生成语法为导向”研究的更为透明的标签。这一狭隘的描述可能部分是由于术语“生物语言学”最初使用者头脑中想着生成事业，同时这也反映了一个事实，即尽管有很多批评，研究语言机能的生成途径的基本原理仍然是把生物语言学推向前进的最好赌注。实际上，生成事业的最好例证——最简方案和生物语言学本身一样含义广泛且“理论中立”。正如乔姆斯基（2007c：4）自己评论道：“最近关于语言问题的探索被称为‘最简方案’，但是即使是在专业领域内，仍然对此有很多误解。需要重申的是，这是一个方案，在生物语言学框架被采用的情况下，这一框架总体上是传统的，而且是理论中性的。……不论人们对语言设计的信任如何，该研究计划的问题出现了。值得一提的是无论人们采用哪种理论框架，对所需解释现象的描述应该是不成问题的，且该方案也不像其他系统那样明显复杂。换言之，关于最简方案可以有多种可供选择的想象，只要开始问道：‘为何语言机能是那样的？’无论我们乐意与否，我们都在生物语言学领域内，同时也在最简领域内。”

1967 年 Eric Lenneberg 的著作《语言的生物学基础》是生物语言学跨学科研究的最佳典范。随着最简方案以及它所强调的“接口”和“原始操作”的到来，只构想一些纯理论的建议而不考虑任何跨学科的问题变得愈发困难。理论语言学家多年的工作重新开启了里程碑式的跨学科对话。生物语言学给我们提供了重新阐释语言机能及其本质、起源、获得、使用的黄金机遇。

2 进化—发育生物学、深同源性与语言研究

羽翼等新型形态学特征的进化，包含了基因网络调控下的发育过程的改造。发育限制因素下的遗传创新是“进化—发育”概念框架的中心原则。许多研究结果都支持：在形态改造的发育过程中，某些分子调控通路都以相似的方式进行着，它们并非因为有共同的祖先而直接相关，而是发育过程中的会聚。如与昆虫和脊椎动物眼发育密切相关的 *Pax-6* 基因，对四足动物的肢体和鱼鳍发育非常重要的 *Hox* 基因，都例证了这种“深同源性”的存在。近年来，“进化—发育”理论已扩展到了行为特征的分子学分析，包括社会行为、学习和记忆。本章将讨论将此理论运用于人类语言的进化研究。人类言语是听力指导下的习得性声音运动行为，也在某些鸟类、蝙蝠和海洋哺乳动物等物种中得到进化。语言相关基因 *FOXP2* 已得到鉴定。本章首先介绍进化—发育生物学与深同源性的概念，随后结合来自分子遗传学和神经生物学的最新研究成果，探索动物模型的感官指导下的运动学习中，FOXP2 和它的调控基因网络如何塑造皮层—基底神经节回路的神经可塑性，以了解人类和动物的发声交流以及人类语言的演化过程。逐渐呈现的证据将帮助我们批判地重新审视语言的某些特征只属于人类，而不属于其他动物的这个观点，也将有助于我们理解复杂的认知特征是如何改造遗传的。

2.1 语言、生物的统一性和多样性

“语言如此众多且类别各异，似乎彼此之间有出人意料的无限区别，因此研究每种语言不能遵循先前语言研究的任何一种固有方案”，这是50年前著名的理论语言学家马丁·朱斯在总结占统治地位的“鲍阿斯传统”时所作的理论陈述。美国结构语言学的奠基性著作是20世纪50年代Zellig Harris的《结构语言学方法》(1951)。之所以称之为“方法”，是因为“除了把无尽形态的语言总结成有秩序的结构的方法外，关于语言所述少之又少”。欧洲的结构主义大体相同，Nikolai Trubetzkoy（1939）关于语音分析的经典介绍也在概念上雷同。更普遍的是，结构主义者所关心的问题几乎完全聚集在语音学和形态学上，语言在这些领域似乎差异广泛且复杂。

大概同一时代的普通生物学的主要情形大体一致，在分子生物学家Gunther Stent的眼中，有机体的多样性形成了“必须一件件归类整理的无穷细节”(Carroll, 2005a)。

实际上，统一和多样性的协调问题不断地在语言学界和普通生物学界出现。在17世纪科学革命时期的语言研究把普遍语法和特殊语法加以区别，虽然这并非真正意义上的现代生物语言学方法。普遍语法被置于这一研究领域的核心地位，特殊语法被认为是普遍机制下的偶然实例。随着人类语言学的兴起，研究又朝向另一个方向——多样性。在普通生物学中，这一事件在1830年博物学家Georges Cuvier和Geoffroy St. Hilaire著名的辩论中被尖锐地提出来（Berwick and Chomsky)。Cuvier强调多样性的主张受到欢迎。在达尔文革命之后，可能生物学中被引用最多的句子是达尔文《物种起源》中总结的一句话：“以最简单的开始，无尽的美妙和奇妙已经或正在进化。”不知是否是讽刺之义，这些文字被进化生物学家Sean Carroll（2008）在《发育进化和扩展的进化合成》中引用，该文展示了形态的进化事实上远非无穷尽，而是呈现显著一致性的。正如Mayr（1977）所

说:“进化论是生物学最大的统一理论。”

生物体的统一多样性在同源器官上得到显著体现。同源器官(homologous organ)指不同生物的某些器官的基本结构、各部分和生物体的相互关系以及胚胎发育的过程彼此相同,虽然在外形上有时并不相似,功能上也有区别。例如脊椎动物的前肢,像鸟的翅膀、蝙蝠的翼手、鲸的胸鳍、狗的前肢或人的上肢,虽然具有不同的外形,功能也并不尽相同,但都有相同的基本结构,内部骨骼都由肱骨、前臂骨(桡骨、尺骨)、腕骨、掌骨和指骨组成;各部分骨块与动物身体的相对位置相同;在胚胎发育上从相同的胚胎原基以相似的过程发育而来。它们的一致性证明这些动物是从共同的祖先进化来的。但是由于这些动物在不同环境中生活,向着不同的方向进化发展,为了对应不同的功能,因而产生了形态上的差异。陆生脊椎动物的肺和鱼鳔也是同源器官。从胚胎发育看,肺和鳔同处于胚胎期原肠管的突出;从进化上看,两栖类的肺是从古代总鳍鱼的鳔演化而来(安国利,2010)。

进化很少产生原先未存在的结构,解剖学上新的结构通常是在已有结构的基础上演变而来的。同源器官可以看作是生物在长期进化过程中对已有结构不断进行改造的结果。哺乳类动物中耳的进化就是对现有结构进行改造的一个很好的例子。中耳是由三块听小骨构成的,它可以将听觉信号从鼓膜传至内耳。在哺乳动物的爬行类祖先中,头骨和下颌的连接是位于头骨的长方骨和下颌骨的关节骨之间,它在声音的传导中起作用。在哺乳类的进化过程中,下颌骨合并成一块,牙齿同关节都不再与下颌骨相连。方骨和关节骨演化成了锤骨和砧骨,它们的功能就是将声音由鼓膜传至内耳。方骨从进化和发育上同鱼类第一鳃骨的脊骨是同源的。镫骨同第二鳃弓的脊骨也是同源的。

痕迹器官也是生物进化中最有价值的证据。痕迹器官就是指在人或动物身体上已经失去用处,但仍然残存着的一些器官。爬行类中的蜥蜴,是生活在南美洲及非洲热带地区的穴居种类,四肢消失,但还保留有残存的带骨。人们都知道,蛇是没有四肢的,但蟒蛇在泄殖腔孔两侧就有一对角质的爪状物,即退化的后肢残迹。沿泄殖腔孔解剖开来,可以看到还有退化的腰带（髂骨）和股骨。这证明爬行类中这些无足类型是由四足类型的祖先演变而来的，并在长期适应地下穴居生活中失去了四肢。鸟的前肢变为翅膀，这是鸟类适应飞翔生活最醒目的特征，即使最古老的鸟类化石——始祖鸟，前肢也已变成翅膀了。但是，现代产于新西兰的几维鸟和其他产于非洲、美洲、澳大利亚的善于行走的鸵鸟，翅膀都在不同程度上退化了，胸骨也不具龙骨突起，因而在分类学上被归入平胸总目。

人身上也有很多痕迹器官。人们马上联想到的是盲肠。人的盲肠连同其末端的蚓突（阑尾）都极度退化，已经完全失去消化的功能。形成明显对比的是食草哺乳类动物的盲肠很发达。家兔的盲肠连同蚓突长达半米以上，相当于一个大的“发酵口袋”。兔吃进去的草料中的纤维素就是依靠盲肠内的微生物进行发酵分解。人类为什么有这些痕迹器官呢？神创论是解释不通的，“神”创造这么多无用的器官做什么用呢？只有用进化论的观点才能作合理的解释。所有这些痕迹器官的存在说明人类正是从具有这些器官的动物进化而来的。（杨安峰，1981）

从以上比较解剖学的事例可以看出，不论是同源器官或是痕迹器官，都能为生物的进化提供有力的证据。恩格斯非常重视比较解剖学的研究，对它在生物进化问题上所起的作用给予了很高的评价。他说：“对各种不同的有机体按照他们同类的器官来加以相互比较，不仅就它们的成熟状态，而且就它们的一切发展阶段来加以比较。这种研究进行得愈是深刻和精确，那种固定不变的有机界的僵硬系统就愈是一触即溃。”

有机形态的多样性和潜在统一性的协调来自于三个因素的相互影响。首先，人类与其他生物共享祖先，因此拥有共同的基因、生化通路和其他特质就不足为奇。其次，世界上有生理—化学限制因素，从而限制了生物可能性。最后，由于自然选择的筛选效应，因而从历史偶然性和生理—化学限制因素所提供的可能性中再次精选出我们现在所观察到的周边世界中的一切。Turing 和 Wardlaw（1992）认为，真正的生命科学应该把每一种生物视为适应于普遍物理学和化学规律的特殊体系，从而能显著地限制其可能的多样性，固定其基本特征。在发现了主导基因、深同源性和保守性后，尤其是发现了即使是进化发育的过程也是如此受限后，这一观点可能听起来不那么极端，以至于 Weinreich（2006）在进行了可行性突变实验后说道："生命的蛋白质频道的重播可能有惊人的重复性。" Michael Lynch 进一步说明："几十年来我们已经知道所有的真核生物共享转录、翻译、复制、营养吸收、核心新陈代谢、细胞骨架蛋白等基因，为何在发育过程中我们会期待有所不同呢?"

在最近对进化—发育过程的综述中，Muller（2007）认为我们对 Turing 所描述的生命模式的理解应该更加坚定，他观察到几种"通用形式，来源于基本的细胞特征与不同的模式形成机制的相互作用。在不同的物理和化学模式机制的调控下分化的黏着力和细胞极性会导致标准的组织模序。细胞表面不同的黏附特征和极性分布当结合扩散梯度时会导致中空的立体，而结合沉降梯度时会导致凹形的立体。不同的黏附力结合反应—扩散机制会产生放射状周期性结构，而结合化学震荡会导致连续性周期结构。早期的后生动物身体体现了这一普遍模式指令系统的征用"。

生物化学家 Sherman（2007）说道："在约 5 亿年前，快到寒武纪时，已有一种通用的基因组编码所有主要的发育程序，这些程序对于各种单细胞形态的后生动物类群或原始的多细胞生物都是必需的。"当时复杂动物模式突然爆发，进而许多"后生动物类群，虽然它们有相似的基因组，但仍然很独特，因为它们利用了发育程序的特定组合"。外表的多样性可能部分来源于进化保守的"发育—遗传工具箱"的多样性排列。

即使在达尔文时代，统一性也没有被忽略掉。达尔文的亲密伙伴和解释者赫胥黎对博物的研究让他有些惊奇地发现，似乎"有一种预先确定的改造线路"导致了自然选择"产生了每一物种有限数目和种类的多样性"。事实上，对可能多样的来源和性质的研究组成了达尔文在《物种起源》以后个人研究项目的绝大部分，且被总结在他的《动物和植物在家养下的变异》(1868）一书中。如前所述，达尔文自身对这一话题是很敏感的，作为一个集大成者，他对这种"生长和形态的规律"进行了小心翼翼的处理："改变的限制和机遇都归因于发育的细节，与其他特征的偶然相关性可能会被强烈选择或淘汰，最终形成自身的特征。"

2.2 进化—发育生物学与深同源性

生物的进化和发育是两个密切联系的生物学概念，生物的系统发育实际上就是某一类群生物的进化。早在达尔文的进化论诞生之前，人们就将进化和发育结合在一起进行分析研究。科学家从个体胚胎发育中发现了许多系统发育留下的痕迹，为生物进化学说提供了重要的证据，然而这些证据却是保存不下来的。对于生物进化机制，拉马克和其他活力论者强调生物内在因素在进化中的导向和驱动作用，但他们没有揭示出具体的内因，其理论有着明显的思辨和哲学意味，且缺乏自然科学应该基本具有的研究的可操作性，因而很容易被否定。达尔文的理论强调的是在生物进化过程中，生物和环境间的作用关系。尽管今天看来这一点仍是十分重要的，但他夸大了自然选择的作用，就生物进化现象而言，他对于生物体内部存在的竞争与选择机制基本没有涉及。生物内部是否存在进化的“导向”和“驱动”因素？近二十年，随着分子生物学、遗传学、基因组学的不断发展，进化和发育又被重新联系在一起，从而促进了进化—发育生物学的复兴。发育生物学进行了一系列生物进化机制的研究，已从生物个体发育的微观层次上来探索生物多样性的起源和进化，即从分子和细胞水平探察不同物种间的同源性、相关性。从生物大分子的层次上观察进化时，会发现一个很不同于表型进化的过程。目前进化—发育生物学研究表明，在物种的进化过程中，细胞的核心程式表现出高度的同一性和保守性，这种广泛物种间极为相似的分子调控机制称为“深同源性”（deep homology）。从某种程度上来说，进化是一个懒惰的过程，当发现一个有用的发育机制后，它就可以在不同的生物体、相同生物体的不同时间和部位被一次次地应用。

2.2.1 *Hox* 基因与进化

深同源性的典型例子是同源异形基因（*Hox* 基因）。同源异型盒（ Homeobox）简称同源盒或同源框，是存在于真核生物中的一段约 180 bp、高度保守的 DNA 序列。含有同源异型盒的基因统称为同源异型盒基因。同源异型盒基因的概念十分广泛，包含有多种基因，如母体基因（maternal gene）、成对基因（pair-rule gene）以及间隙基因（gap gene）等。*Hox* 基因是其中的一类，通常成簇分布，高度保守，它广泛分布于生物体内，在胚胎发育中对于体节和组织特征的决定以及器官的形成具有重要的调控作用。*Hox* 基因不仅在序列上保守，在远缘动物的发育过程中也发挥着相似的作用。*Hox* 基因在结构和功能上的极度保守性使动物的胚胎尽管在形态学上有所不同，但是它们在 *Hox* 基因表达模式上却惊人地相似。*Hox* 基因的突变可导致某一器官的异位生长，即本来应该形成的正常结构被其他（同源）器官所取代。例如，正常黑腹果蝇（Drosophila melanogaster）后胸生有一对平衡棒，而在 Ultrabithorax（*Ubx*）基因发生突变的果蝇中，后胸会类似中胸长出一对翅。*Hox* 基因编码一类转录调节因子，其表达蛋白通过特异性地结合 DNA，调控胚胎的发育和细胞的生长及分化。*Hox* 基因沿前后轴呈线性排列，其表达对于体轴的形成、组织和器官的发生，以及神经系统的发育均有重要的调控作用。发生在约 5.3 亿年前的寒武纪生命大爆发是基因辐射性复制的典型例子。生命以爆发式的进化在数百万年内产生了绝大多数无脊椎动物，曾出现过 30 多种不同门类的动物，一些门类的生物甚至呈现出辐射演化。*Hox* 基因在最早的动物祖先中就已形成，在无脊椎动物和脊椎动物中普遍存在，调控的机理也相似。*Hox* 基因在胚胎发育早期就已经具有活性，其任务是在发育过程中对各体节细胞发出指令，控制身体各部分形成的位置，起到一种主控开关的作用，通过诱导其他基因发生连锁反应来构建身体某一特定部分。寒武纪生命大爆发与 *Hox* 基因的复制和突变有很大关系（金淑清，2011）。

2.2.2 *Pax* -*6* 基因与动物眼的进化

深同源性的另一典型例子是光感受机制。尽管在解剖、形态发生和光感受通道上，昆虫和脊椎动物的眼有很大的区别，然而，*Pax* -*6* 是两者共同的与特异细胞分化和眼的发育有密切关系的基因转录调控因子。历史上曾有这样一个故事，在达尔文创立进化论以后，他力图用自然选择学说来解释生物多样性发生的原因，但是他无论如何也想不明白精巧的眼睛是怎样通过自然选择一步步进化出现的。如今知道，*Pax-6* 基因在像海胆这样低等的生物中就已存在，而且在高等动物中，*Pax-6* 基因突变的纯合个体带来的不仅是眼发育的缺失，而且是致死性的，这就表明 *Pax-6* 基因在多细胞生物发育中还有其他重要的功能。这无疑强烈地暗示了眼的出现来自一种对原有“元件”的改造和利用的可能性，是发生在分子和细胞水平上的事件，而不是当年拉马克所说的原始器官。

首次报道的 *Pax-6* 基因是果蝇的 *eyeless*（*ey*）基因突变，其特殊的表型是果蝇复眼的部分或全部缺失。*ey* 基因与后来发现的小鼠的 *Small eye*（*Sey* = *Pax-6*）基因和人类的 *Aniridia* 基因是同源基因。这些基因核苷酸序列和它们所编码的蛋白质的氨基酸序列的高度同源性引起了研究人员的极大兴趣，接着又相继在海鞘、头足纲和纽形动物中发现 *Pax-6* 基因，因此有人认为 *Pax-6* 的功能可能在后生动物门中是普遍存在的。目前的研究证明 *Pax-6* 基因与脊椎动物眼的发育及无脊椎动物的神经系统发育有关，并可能处于眼发生的级联调控系统最高级，因此有人认为各种类型的眼实际上都是由 *Pax-6* 基因调控的同一个眼的模型进化而来（乌日琴等，2002）。

把发育生物学的观点包含于进化理论的研究中导致了“进化—发育生物学”理论。过去二十年间，实验数据已说明了发育的原理和限制因素确实导致了形态学创新。依赖于分子和遗传技术，发育生物学家已发现保守的分子网络如何塑造不同的物种形态。在发育过程中这些分子通路如何改变，从而导致了形态的改造，这些都是目前进化—发育生物学研究的中心。这一普适概念也许不仅适用于形态的演化，同时也可延伸到行为的演化。

语言和音乐等行为构成了令人着迷的发育之谜。动物通常被认为既没有语言，也没有音乐，那这些特征是如何在人类世系中演化的呢？它们是逐步演化还是突然改变？是受自然选择、性别选择或松缓选择的驱动还是伴随其他过程而出现？Chomsky（2007）认为，图书馆有大量讨论有关人类语言的文献以及各种关于语言进化的版本，与之形成鲜明对比的是，很少有人关注蜜蜂交流系统的进化。有关语言演化的许多情节被提出，然而猜测仍多于令人信服的数据。对于语言究竟哪些方面只属于人类仍然有争议，然而认为语言的某些方面只为人类独有的观点却未被质疑过。这听起来有些奇怪，因为许多动物的交流系统几乎没有被彻底研究过。

进化—发育生物学和深同源性的概念已渗透到所有领域生物学家的思维中，然而对语言的进化感兴趣的语言学家、认知科学家、心理学家和哲学家却对它们不太熟悉。或许进化—发育生物学在研究语言的“遗传模块”方面可以提供有用的理论框架。具体说来，FOXP2 转录因子和其调控网络可能是人类、小鼠、鸣禽甚至非脊椎动物感觉指导下的运动学习时的皮质—纹状体及皮质—小脑回路的必需构件。

2.3 语言、言语、动物交流与发声学习

要在动物发声的情境下研究语言，有必要对一些术语进行定义。人类交流可以是言语形式（使用文字）或非言语形式（如哭喊、叹息、笑、手势等），后者可能是所谓原始语言发展的基础（Bickerton，2000）。口头语言使用特定的声音，这些声音是通过喉、颈、胸部、腹部肌肉以及下颌与口面部肌肉组织的精确协调运动程序而产生，以实现表达事实、思想和情感的目的。语言的运动方面称为“言语”。非口头以及口头发声发生于许多行为的情境之下，这种情境可能是交流的情境，也可能是独处的情境（此时称为内在声音）。

动物也会在很多不同的情境下交流，例如同伴吸引、领土防卫、集团凝聚、觅食或亲子交流等。此外，动物也可能在明显的交流情境之外发声，例如雌性斑胸草雀会鸣唱“非针对性的歌曲”，且经常发生于它们独处的时候。有趣的是，“自言自语”也被叙述为“人类独有”的特征之一。“似乎这些很私人的独白、祈祷也是人类独有的活动。”（Hurford，2008）事实上，不仅鸣禽会在独处时鸣唱，被训练口头模仿或识别人类文字的鹦

鹉和黑猩猩，也会把其所学运用于交际语境之外。

动物发声可以通过其生物发声特征来分类。呼叫大多是简短的发声方式，通常有变化的时间顺序与特定的情境，如乞求呼叫、报警呼叫、联系呼叫、食物呼叫或悲痛呼叫等。而鸣唱通常发声时间更长，有约定俗成的有秩序的时间顺序，通常与领土保护或生殖有关，包括伙伴召唤或同伴吸引。鸣唱通常发生在鸟类、小鼠、蝙蝠、鲸鱼和长臂猿中。

人类语言和鸟类的鸣唱通常被称为“声音学习”或“创作学习”，指的是经历之后的声音信号改变（Janik 等，2000）。例如牙牙学语的婴儿与成年人接触后说出的第一句话。这种形式的学习在某些物种研究的文献中得到记载，比如被研究的所有鸣禽种类、各种鹦鹉、安娜蜂鸟、囊翼蝠、斑海豹和两头大象。此外，很多动物可以把现存的声音信号与一种新的情境联系起来（称为情境学习或听力学习）（Janik 等，2000）。例如年轻的长尾黑颚猴可以把听到的特定报警呼叫与某种特定的捕食者联系起来（称为“理解学习”），它甚至可以通过观察同类，学会在某种特定的捕食者存在的情境下发出特定的内在呼叫（称为使用学习）（Hauser，1989）。情境听力学习在动物中很普遍，而声音创造学习却不普遍。语言和鸣唱在早期发育阶段能得到最好的学习，此阶段称为“机会期”，也称为“敏感期”。

2.4　把语言解构为生物学上易操作的单元

广义上，语言可分为处理思想和意义的概念—意识系统，以及处理语音及创作的声学分析的感觉运动系统（Hauser 等，2002）。当然这种划分太过简单，这两种系统彼此影响，正如脑影响行为而行为影响脑一样。语言的哪些特征可以在动物模型中分析？20 世纪 60 年代，一些语言学家认为人类语言和动物交流截然不同，它们之间根本没有可比性。其根本性差别，概括地说，有如下几种（卫志强，1992）：

（1）迟延性（Delay）。人对他人发出的信号刺激做出的反应比较慢，有一个较长的迟延期。这个迟延期经过从耳朵输入经由大脑若干中枢的处理后，再启动诸发音器官从口腔输出之间的传输通道。它是人类进化很早时期就发生的一种生理现象。迟延性使人类在解释或发出信息时，将信息内容跟情感成分区分开来。这是人类进化史上的一大进步。其他动物没有这种特性。信息对它们只是单一的信号。例如，蜜蜂在找到蜜源后，由于兴奋而舞蹈。然而，蜜蜂在不兴奋时也要舞蹈。动物不能把信息内容跟情感成分区分开来，这是一个很大的缺陷。

（2）延伸性（Prolongation）。许多证据表明，至少在 50 万年前生存的原始人已能预先储存石器和制造石器。而在动手制作石器前和制作过程中，往往要设想石器的形状。这表明当时的原始人类已具有一种能力，即预见某种东西的形状或用途。这是人类生理上的一个巨大进步。人早就学会两根棍接成一根，以及制作许多别的工具。他们事先盘算好，什么工作用什么样的工具更合适，并记住某种工具是怎样制作的。黑猩猩也能使用工具，它们能用长棍插入蚁穴，让白蚁爬附在上面，然后取出棍子舔食上面的白蚁。但它们用后就扔，从未留下再用，或预先储存。有一种叫“达尔文花鸡”的小鸟，会用嘴夹住仙人掌的刺剔出藏在树皮底下的昆虫，但用后也会扔掉。人类的预见能力及大脑功能的日臻完善使人类语言具有延伸性，使语言不仅能表达目前正在进行的事情，而且能表达过去已经发生的和将来要发生的事情。J. Bronwski 称人类语言的这种特性为“符号语言和所指事物间相互关系的延伸”。它使得自然选择朝着对人类自身有利的方向发展。而动物的“语言”充其量只能表达目前正在进行的事情，如狒狒表示“危险”的叫声。

（3）内在性（Internalization）。在使用语言方面，人类具有一种十分独特的天赋：自言自语，或称“内在言语”。这是人类个体供自己思考时使用而不直接发生交际作用的言语。内部言语具有三种特性：隐蔽性、片断性和简缩性。由于内部言语的对象是个体自我而不是别人，因此，它最大的特点是发音器官活动的隐蔽性，几乎不为人所察觉。据研究表明，人讲话的平均速度大约是每分钟 125 ~ 160 个词语，而思考同样多的词语大约只需 20 秒钟，比讲话快 3 倍。内在言语又跟内部注意密切相关。有学者指出，人类的内部注意有三种作用：准备作用、整理作用和评价作用。不难假设，在制作一把石斧的前后过程中，如果没有内在言语和内部注意的作用是不会成功的。而动物不可能有这种语言的内在性。

（4）能产性或生成性（Generation）。任何一种动物都不能将其声音重新组合排列而获得不同的意义。小孩生下来后听到的话是有限的，但他却能听懂和说出无数新的句子。最会说话的鹦鹉最多能发出150个词的声音，但它绝不会重新生成组合，更不会称呼一件事物。

（5）分离性（Separation）。如上文所述，人类能把信息跟情感区分开来，把外部世界分解为主体、客体和行为等。这种分解是从语言本身开始的，诚如瑞士著名语言学家索绪尔所说："哲学家和语言学家一致承认，没有符号的帮助，我们就不能清楚地区分开不同的概念。思想本身像一团星云，其中没有必然划定的界限。预先确定的观念是没有的。在符号出现以前，一切都是模糊不清的。"就人类语言的进化而言，一开始是句子（类似独词句），动物叫出的声音也是一个"句子"。但是，动物却不能将它分解为个别的概念。

Hockett（1960）则提出了另一种假说，认为动物交流系统是连续统一的复杂体系，其中也包括人类语言。以上两种极端而又截然相反的观点随着生物语言学研究领域的出现渐渐得到弥合。本章将在第5节综述FOXP2和人类语言的联系，以及它在鸣禽和其他动物模型中的作用，这将引导我们认为，这一转录因子和其相关的分子网络将构成殊途同归的进化模式的限制因素之一，例如不同种群的习得性声音交流。

目前几乎所有文献都主张动物研究仅仅有助于语言的感觉运动，即言语方面，而句法，特别是语义等可以使概念—意识系统外化的语言部分在动物交流中不存在。既然动物越来越被承认有概念和意识，那么就有必要重新审视为何动物被理所当然地认为不具备这些能力。以下将分析语言的不同方面，以及哪些方面在动物中存在，同时分析在语言进化研究中比较法使用的优势。

2.4.1 在动物交流中的概念—意识过程

Hockett（1960）提出人类语言是一套"设计特征"的总和。他承认有些“设计特征”在动物中存在，如声音的听觉特征以及交流系统需要发送者和接受者。而以下特征他认为是人类独有的：

(1) 传统的传播性（Traditional Transmission）。Hockett 认为“传统的传播性”，例如语言的社交学习是人类独有的。然而如前所述，很多动物也能够进行社交情境下的声音模仿。

(2) 模式二重性（Duality of Patterning）。它指的是通过有限的一套语音创造无限的单词，由此再到无限语句的能力。这也被认为是人类语言独有的特征。动物声音交流系统中不存在“二重性模式”的两个论据被提出。如果动物也有一套小的声音指令系统，它只可能具有有限种组合。虽然理论上即使非常小的指令系统也可以编码大量信息（如计算机二进制密码，或四个字母的 DNA 密码）。在有大型指令系统的动物中，组合编码空间的潜在局限性更不是问题。然而，鸣唱研究已经比较了不同鸟类鸣曲中独特的声音元素的数量以及组合的数量。与人类语言的情形相反的是，所有被研究的鸟类指令系统中，鸣曲元素的数量大于这些元素的组合数量，这直接反驳了“模式二相性”的存在。此外，在很多鸟类中，同时发生的鸣曲元素串通常是分层次结构、大多为单向的方式，这也与人类语言不同。犬吻蝠的歌声也是这样。然而，如果认为“组合单元”的规模不是最小的声音单元（也称为音符、音节），而是另一个更大的鸣曲单元，例如一串有秩序的同时发生的元素（称为鸣曲类别、意念或阶段），情况便有所不同。有大型指令系统的一些鸟类的鸣曲类别在鸣唱时以长的、非随机的、非单向性组合的序列出现，持续几分到几小时不等。在这种组织水平之下，复杂的序列规律将足以丰富到传达语义信息，很多鸟类和蝙蝠的歌曲类别（或意念）顺序比歌曲类别内部的音符顺序更具动态（Bohn 等，2009）。

如果动物真的以组合序列的方式传达语义，那么它们将必须整合更长鸣曲序列传递出的信息，那将需要足够的听力记忆能力。在至少一种鸣鸟（欧琼鸟）中，听力序列的工作记忆水平与人类同属一个范围，而且欧琼鸟也会像人类一样采用相似的策略来存储和检索连续性序列的听力交流信号（Zokoll，2008）。此外，在除鸣曲以外的其他项目中，鸟类也被认为具有强大的记忆能力，如捕食的鸟能记住几百种储存的食物名目的地址超过好几天。另外，各种种类的雌鸟在确定最终交配对象之前会拜会十多种交配对象。例如有详细记载的缎蓝亭鸟，这种寻觅将持续好几周，在这个过程中，雌性需记住潜在交配对象的特征。因此，原则上动物能记住不同的名目，且能持续一定时间（Uy JAC 等，2000）。

人类语言中，语法规则构筑了许多组合的可能性。例如说英语的人明白句子若以“if”开头的话紧接着会有“then”（明确或隐晦地说出来），之间的文字数量可长可短。然而这种逻辑关系非常明显。同样，语法规则导致的“Anna laughed at Ben”和“Ben laughed at Anna”的区别通常认为在动物发声中是不存在的。然而就我们所知，是否组合信号传达的语义信息高于鸣曲音节组合从未被正式研究过。它需要分析鸣曲的特定序列是否和特定的情境或行为有关。这些问题很难通过实验解决，但并非不可能。

（3）产出性（Productivity）。通过组合现有的表达来创造新的表达，这种能力 Hochett 也认为是人类独有的。例如 enter 可以组合成 entertain 或 enterprise，有不同的意义。把 im 加到 patient 上则意义相反。几乎没有实验来证明呼叫和鸣曲元素的不同组合是否具有不同的意义。但研究“坎贝尔的猴子”发现它们能够将相同的呼叫以不同的方式进行组合，并且确实能导致意义的改变（Ouattara 等，2009）。

（4）语义性（Semanticity）。语言表达任意思想的特征通常被认为为人类所独有。“鸟、鲸或长臂猿不能做到把歌曲元素组合在一块，从而使整首歌曲传达复杂的信息。”（Hurford，2008）“如果确有非人类物种具有开放式的语义的话，那它们就是极端聪明地掩饰这些能力，不让致力于研究它们的生态学家发现。”（Fitch，2011）事实上，几代生态学家都没有重视歌曲“有意义的部分”，而是理所当然地认为动物以一种非语义的方式交流，且交流内容主要是“打斗”或“调情”。事实上，蜜蜂会交流有关食物的话题，许多动物利用呼叫来指示不同的捕食者，灰鹦鹉能使用声音来指代物体，一些大猩猩能学会使用手势或声音来表示物体。这些例子不能包含人类语言语义的所有部分，但它们表明动物能大体上使用与意义有关的声音或其他手势。它们能否像人类那样广泛地使用，除了食物和捕食者它们还可能交流什么，以及语法究竟发挥什么作用，这些都应该成为研究的课题。没有发现证据不能认为证据不存在。

(5) 移位性（Displacement）。即对缺席事件、事物或概念的指称能力。它也被认为是人类独有的设计特征。那么有没有证据说明动物之间不交流未来？有实验反驳过它吗？事实上 Nicky Clayton 的研究数据指出，鸦科鸟用一只眼睛来指示未来事件（虽然人们对其有争议）。如果动物真的知道过去和未来的话，它们也应该能够交流这些。总之目前没有足够的证据来证明外化概念、事实和意图的发声一定为人类所独有。

若 Hockett 的人类语言的设计特征确实在动物中以某种版本存在，那么将有利于把争论的焦点从语言在动物中是否存在的绝对性（categorical）问题转移到等级性（graded）问题（即语言的不同特征原则上其他物种也具有，只是有不同程度和不同呈现状态而已）上来。接受后者的观点必将推动新的实验论证，从而减少臆测。

2.4.2 比较方法

目前将比较法运用于语言进化研究已形成共识，即利用动物研究的数据来帮助分析人类关键特征的机制和进化基础。然而人们对于哪些动物数据是有用的，以及在多大程度上有用，仍然有分歧。传统的人类学寻找人类语言特征同源物时，总是把灵长类独立于其他种系进行研究，隐讳地标榜人类之所以成为万物之灵，其根源在于灵长类祖先的灵巧、智力、社会性、视力和其他特质。这种说法虽然很多情况下是正确的，但没有逻辑必然性。既然人类大脑结构总体上与哺乳类相似，且神经系统最突出的组织原则也是所有脊椎动物的特征，那么就没有任何理由认为人类认知特征的同源性研究应该局限于灵长类。人类当然属于灵长类，但同时也是哺乳动物和脊椎动物。达尔文早已认识到，人类某些特征不仅在灵长类、其他哺乳类有，在鸟类中也有（如习惯二足性、声音学习）。要了解这些特征的生物基础和制约因素以及它们的进化源头，需要把范围从灵长类和哺乳类扩大到脊椎动物系统之外。

Fitch（2011）认为传统的比较法只局限于灵长类，而排斥其他进化枝的做法具有误导性。首先，语言的不同组件可能有分别的进化史。人类生物学机制的同源物可能来源于灵长目之前更久远的祖先，如所有的动物都具有的神经元、所有的四足动物都共有的喉、所有的哺乳类共有的新大脑皮质。在这种情况下，只把研究局制于灵长类是完全武断的。其次，过去有关适应性功能的关键信息只来源于研究趋同进化的案例。如想要了解二足性和声音学习的哪些方面是偶然性的，而不是系统发生的或发育需要的，最好的实证数据来源应该为进化该特征而又独立于彼此的多个物种。再次，是前述的生物学“深同源性”现象。目前分子遗传学和发育生物学革命已揭示了深同源性在所有生物中都很普遍，甚至很典型。人类许多关键的生物学特征，其潜在的具体机制不仅与脊椎动物或灵长类动物共享，而且与变形虫、酵母、果蝇都是共享的。

回到语言上来，构成人类语言机能的组件（如记忆、听觉意识和运动控制）也是与其他脊椎动物广泛共享的。人类神经功能这些明显的新型特征与其他生物之间究竟有多大的机制上的相似性？当分子生物学家第一次阐明细菌中转录和翻译的机制时，很多科学家都对这些原则是否也适用于真核动物感到怀疑。后来，*Pax*－*6* 转录因子和其靶基因对整个系统树的眼睛形成起着关键作用的发现，令人震惊不已。因为不同分类群的眼睛形态很显然是从不同渠道进化而来的。当有关保守的分子通路的证据越来越多，人们会想，是否保守的分子网络也会适用于学习性发声行为？鸟类提供了解决这一问题的绝好机会。目前已知除了蜂鸟和鹦鹉外，有成百上千种鸣禽都是通过模仿学习发声。相反，只有一个人类物种，会说超过 4 000 种语言。在人类自身物种内比较语言，语言学界提供了为所有语言共有的两个原则，而不同的语言又有特定的参数。即使是鸟类，其鸣曲中的行为策略和神经系统也有共同的原则和有区别的参数。所以种间比种内有更多的遗传多样性。在概括地比较鸟类鸣曲与人类“语言”时，只能抓住其普遍原则而忽略可能存在的更有趣的参数多样性，而后者可能更具可比性。

从基因和分子入手探索鸟类鸣曲原则和参数，可能为寻找先前并未承认的结构性决定因素提供方法，从而反映分子的“深同源性”以及相关的分子和神经基质。比较法也能在哺乳动物中使用，比如挖掘不同社交发声的蝙蝠多样性。比较法也已在非脊椎动物和脊椎动物的社会行为演化的共同遗传机制研究中非常成功地使用。

2.5 *FOXP2* 与深同源性

FOXP2 是第一例发现的与一种非常特别的言语和语言表型相关的基因，这种表型称为发展性言语失用症（DVD，也可称为儿童言语失用CAS）。DVD 的核心症状是：单词发音不准确，不完整，重复多音节无意义单词困难，以及接受型言语损伤。有明确证据表明 FOXP2 在人类世袭中经历了正选择。

转录因子 FOXP2 与语言的联系在一个延续三代的 KE 家族中第一次得到鉴定。该家族的约半数成员患有常染色体显性言语和语言障碍，显示是由于 *FOXP2* 杂合子位点突变。在所有患病成员中遗传，而在非患病成员间不遗传。相似的言语和语言表型也在与 KE 家族无亲属关系的个体中出现，但该病例中 *FOXP2* 的突变模式与 KE 家族不同。*FOXP2* 在被发现之初，各大流行媒体将其吹捧为“语言基因”，而后回归理性，称“该基因对语言功能发挥作用”。由于篇幅所限，以下将从基因结构与调控通路、脑发育过程中和初生脑中的表达研究、突变鼠中的功能分析以及鸣鸟中的功能分析等四方面综述 FOXP2 的分子和神经功能。随着对 FOXP2 分子调控网络与在不同脊椎和无脊椎动物模型系统中功能信息的逐步增加，我们不仅将了解 *FOXP2* 是否是“深同源性”的另一案例，而且将阐明言语和语言工作和发育的机制。

2.5.1 基因结构与调控通路

FOXP2 是翼状螺旋转录因子家族成员之一，具有高度保守的叉头框结构域，可结合靶基因调控区的特定 DNA 序列。它既可充当下游基因的转录激活因子，也可以是转录抑制因子。C2H2 型锌指可能与 DNA 和蛋白质的相互作用有关，而亮氨酸拉链结构域可能为 FOXP2 与 FOXP 家族另外两个成员——FOXP1 和 FOXP4 的同源二聚化与异源二聚化所需（Li，2007）。FOXP2 蛋白的 N 端也包含一个谷氨酸重复区域。这类似于多聚谷氨酸疾病（PolyQ 疾病，如亨廷顿疾病和脊髓小脑运动失调）相关蛋白，而在 FOXP2 中，CAG 重复序列与言语病理并无关联（Shao，2007）。

鉴定 FOXP2 下游靶基因将有助于查明在特定物种中 FOXP2 调控的细胞功能。此外，把动物与人类的 FOXP2 靶基因进行类比和对比将为揭示在进化过程中，导致言语和语言出现的潜在功能变化提供重要线索。FOXP2 的直接神经靶点已在人类神经细胞系和人类胚胎不同组织中得到鉴定。其中筛选出来的主要候选基因被认为在神经发育和神经递质的细胞通信和信号转导中发挥了重要作用，预示了在 *FOXP2* 突变的言语和语言障碍中这些通路可能会受到干扰。在 285 个可能的靶基因中，14 个被推测在人类中经历了正选择（Vernes 等，2007；Spiteri 等，2007）。Konopka（2009）通过在人类神经细胞系分别表达黑猩猩和人类 *FOXP2* 基因，来比较人类版本的 *FOXP2* 与黑猩猩版本的 *FOXP2* 是否存在功能上的差异。后续微阵列分析显示 116 个基因表达水平有差异。由于这组基因包含了在言语和语言有关的通路和组织表现活跃的基因，因此作者推测，人类版本的 *FOXP2* 可能促进该特征的进化。Vernes 等人（2011）使用综合性功能基因组策略来确定 *FOXP2* 的分子通路、在胚脑中它的直接和间接靶点，具体采用的是基因组体内染色质免疫芯片筛查，鉴定了 264 个神经靶点。此研究配合来自野生型和突变型小鼠胚胎脑组织的表达谱和原位杂交，强烈地突出了与神经突发育相关的神经网络。

在差异表达的基因中，Konopka（2009）发现了对大脑发育和功能起关键作用的基因，如 *DLX5* 和 *SYT4*。FOXP2 的下游靶基因——*CNTNAP2* 目前备受关注。*CNTNAP2* 变体是自闭性谱系障碍、特异性语言障碍和口吃等语言相关障碍的风险因子。CNTNAP2 在雄性斑胸草雀（在雌性中没有）的一些鸣曲控制核团中富集，如弓状皮质栎核（RA），它是类似于人类第五层初级运动皮层的皮质鸣曲控制区域。这种性双态性的发生恰好与发育中的雄鸟的感觉运动学习相吻合。

为了解 FOXP2 在细胞和行为中的作用以及在进化过程中的变化，需要

确定 *FOXP2* 转录是如何受到调控的。Carroll（2003）认为通过非编码区序列进行基因调控，其中包括转录顺式调控元件、信使 RNA 的非翻译区和 RNA 剪切信号，比编码区序列在人类世系的形态学和行为进化中发挥了更重要的作用。在斑马鱼和斑胸草雀中 *FOXP2* 的两个上游调控因子被发现。Lef1 是通过 Wnt/连环蛋白信号通路被激活的转录因子。它在斑马鱼大脑发育中表达减少或受抑制导致了 FOXP2 在特定脑区的表达量减少。此外在 *FOXP2* 基因组 DNA 序列的增强子位点发现了几处 Lef1 结合位点。研究者还发现 Lef1 对 CNS 发育期间，FOXP2 在顶盖、中后脑边缘和后脑的表达都是必需的（Bonkowsky，2008）。另外在幼年斑胸草雀中施加蛋白偶联大麻素兴奋剂会增加 FOXP2 在纹状体的表达，一直持续到成年时期。蛋白偶联大麻素信号对学习和练习鸣唱的相关脑区中 FOXP2 表达的影响是否是由于直接相互作用还有待研究（Soderstrom，2010）。

目前确定了许多 FOXP2 靶基因，如与语言损伤有关的 *CNTNAP2*。哪些靶基因在哪些神经元中发挥作用还有待发现，这将有助于推断 FOXP2 在不同组织环境下的功能。异源二聚和同源二聚是 FOXP 家族的关键特征，这为以细胞型特异方式，组合型精细调控基因表达提供了机会。

2.5.2 脑发育过程中和初生脑中的表达研究

关于 FOXP2 如何影响人类言语和语言，大体有两种彼此互不排斥的可能性。该蛋白可能参与言语回路的形成，也可能影响言语学习、感知和/或产生过程。以目前的证据来看，两种可能性都存在。FOXP2 已在人胎脑中的某些位点表达，这些位点将发育成 *FOXP2* 突变病人中显示形态和功能异常的结构（Lai，2003）。这和 FOXP2 在胎儿期间建立言语相关回路发挥重要作用的推断相一致。Tsui 等（2013）发现 FOXP2 调控胚胎脑皮质发育中从神经前体细胞到过境放大祖细胞最终到神经元的整个转型过程。

人胎脑的表达模式与对等阶段的鼠胎脑高度相似；FOXP2 也在猴、啮齿类、鸟类、青蛙和鱼类的同源脑区的胚胎发育中表达。这些研究表明 FOXP2 不为人类独有，也可能与很多脊椎动物的同源脑区的发育相关。同时鼠纯合子 *FOXP2* 突变体会发育成小脑异常，这也进一步证实了它在发育中的作用（Constance 等，2011）。

FOXP2 在不同物种出生后及成年脑中的继续表达证明了它在发育成形以外的其他功能。FOXP2 和 FOXP1 在年轻鼠大脑皮层的投射神经元的亚群中表达，可能在初生早期阶段对建立和形成独特的皮质回路起作用（Hisaoka，2010）。在成年鼠中，FOXP2 继续在皮质第 6 层、纹状体、背侧丘脑、小脑深核、浦肯野细胞和髓质的下橄榄核表达（Ferland，2003）。在鼠类和鸣鸟的皮质区，FOXP2 在中型多棘神经元中表达，和 DARPP32 共定位，共表达多巴胺 D1 受体（Haesler，2004）。在恒河猴中，FOXP2 的表达在 striosomal 间区富集（Takahashi 等，2012）。目前大多数注意力集中在皮质—纹状体和皮质—小脑神经网络上，因为它们和小脑有明显关联。对表达 FOXP2 的其他脑区域的集中研究也支持了 FOXP2 普遍的细胞和行为功能的观点。例如，在多种研究物种的下橄榄核强烈表达 FOXP2，而下橄榄核对动作行为的时间控制非常重要（Jacobson，2008）。此外，中脑听觉下丘核和它的鸟类同源结构 MID，以及听觉丘脑内侧膝状体核（MGN）和其鸟类的同源部分——间脑卵圆核壳区也表达 FOXP2（Teramitsu，2004）。

尽管 FOXP2 的表达模式在脊椎物种中普遍非常保守，但也存在一些有趣的异时变化。例如 FOXP2 的表达在出生后的猴脑中显著下降，先从壳（putamen）消失，后从 BG 的尾状核消失，而在鼠脑的同源部分表达却持续着。在鸣鸟中，脑室的一些成神经细胞已表达了 FOXP2，且将持续到成年期，而成年鼠同源区不表达 FOXP2（Rochefort，2007）。

出生后，鸣鸟的 FOXP2 在 X 核团的 BG 结构中受到动态调控。在发育过程中，鸣鸟通过模仿成年同类的声音获得种属特异性或个体特异性的鸣唱。X 核团参与实现此任务。一旦歌声被稳定地学会，X 核团继续参与实时监控歌声的任务，没有 X 核团，正常的歌曲产生能力会衰退（Kobayashi，2001）。幼年雄性斑胸草雀在歌曲学习阶段，其 X 核团比起周围的纹状体区域能持续表达多于 10% ~20% 的 *FOXP2* mRNA。参与控制歌曲学习和产生的其他区域显示 *FOXP2* 表达非常低。在另一种鸣物种——金丝雀中，其歌唱可塑性与 *FOXP2* 表达水平存在关联。在繁殖季节，雄金丝雀鸣唱高度有规律、约定俗成的歌曲，*FOXP2* 在 X 区的表达很低。繁殖季节过后，鸣曲变得多变，新的音节加入进去，伴随着 *FOXP2* 在 X 区的表达上调（Haesler，2004）。当成年雄性斑胸草雀不鸣唱或唱无针对性歌曲时（不针对任何其他鸟类），*FOXP2* 的 mRNA 水平在 X 区比周围纹状体区要显著高一些。相反，当成年雄鸟针对雌鸟唱求爱歌曲时，*FOXP2* 的 mRNA 水平比周边纹状体低。与 *FOXP2* 的 mRNA 水平相反的是，在两小时针对性或非针对性地歌唱后，X 区的 FOXP2 蛋白水平比非歌唱群组低。mRNA 和蛋白质水平的差异可能是由于有趣的调控机制，但目前很难评估，因为在群内蛋白质数据的可变性相当高（Lombardino，2006）。此外，FOXP2 表达最稳定而强烈的增长发生在黎明前两小时，即它们开始鸣唱之前（Miller，2010）。在鸣曲发育的后阶段，孵化后的 75 天，类似于聋鸟和成年鸟的脑，在听力 X 区的 *FOXP2* 的 mRNA 水平在两小时的非针对性歌唱后逐步降低。在成年以及发育期，在 X 区基本的和鸣唱诱发的 FOXP2 水平变化可能与鸣曲可塑性有关（Haesler，2004）。有趣的是，75 天的鸟，它们的鸣曲模仿能力已经很好，两小时的歌唱后比起两小时的沉默后显示了更高的鸣曲与鸣曲序列的可变性（Miller，2010）。奇怪的是，50 ~ 57 天的幼鸟模仿成年鸟鸣唱的能力每天持续改进，但入夜后有所降低，直到第二天又有所改进（Deregnaucourt，2005）。Miller 注意到的鸣曲诱发的可变性与 Deregnaucourt 观察到的模仿的日益改进是否有关，未来研究起来会十分有趣。

在斑胸草雀 X 核区，几个其他基因在 mRNA 水平也受到非针对性鸣曲的特异调控。比如两个组蛋白家族成员（*H2AFX*；*H3f3B*）、两个热激蛋白（*Hsp25*，*Hsp90a*）和钙周期蛋白结合蛋白受到上调，而 *ARHGEF9* 被下调（Wada，2006）。后者基因突变也与智力迟钝和感觉反应过度有关（Marco，2008）。为了解 X 区单个神经元在发育过程和社交情境下 FOXP2 的表达，Thompson（2013）通过分析雄性斑胸草雀单个神经元的 FOXP2 免疫反应性（FoxP2 - IR）发现 FoxP2 - IR 神经元在 Area X 呈双峰分布，有染色较弱的和染色较强的。幼年染色较强的 FoxP2 - IR 神经元浓度比成年高出 10 倍，随着年龄呈指数级下降，且与成年鸣曲稳定性呈负相关。FoxP2 - IR 梭形核迁移神经元的浓度随着鸣鸟年龄增长而显著下降。强染色的

FoxP2 - IR 神经元浓度不受鸣唱的影响，而弱染色 FoxP2 - IR 神经元浓度受其影响。所有数据表明幼年 Area X 核区中棘神经元表达高水平的 FoxP2，而当它们整合到现有的神经回路时表达降低。一旦整合以后，FoxP2 的表达水平和鸣唱行为相关。

Fujita 等人（2012）对胚胎 14.5 天到成年鼠的后脑进行连续切片的免疫染色，发现 FOXP2 在出生第六天和之前的几乎所有浦肯野细胞中都有高表达，除了绒球和小脑蚓小结的少数部位，那里 FOXP2 的表达量中等或者不表达。出生第六天后，FOXP2 的表达在一些区域的浦肯野细胞中逐渐下降。成年鼠比起早些阶段来说，FOXP2 的表达强度有所减低，且在沿着小叶顶端横切方向排列的浦肯野细胞子集中表达。但是，在发育和成年期，FOXP2 在几乎所有的下橄榄核神经元中都表达强烈。FOXP2 也在小脑核的少量神经元中表达。FOXP2 在成年大鼠和鸡中的表达大体可以类比于成年小鼠，显示了这种表达模式的进化保守性。

在昆虫中，只有一个 *FOXP* 家族成员存在，意味着脊椎动物的四个 *FOXP* 旁系同源物通过基因复制产生（Santos，2011）。果蝇中 *FOXP* 的功能作用刚刚开始被研究，连同它的靶基因信息可能为相似的细胞和行为功能中更深的分子同源性提供丰富的见解（Brembs，2010）。在意大利蜜蜂（Apis mellifera）中，工蜂羽化后约四天，为它们的蜂房同伴寻找食物，通过舞蹈交流信息时，在它们的脑中，*AmFoxP* mRNA 被更高水平表达。不幸的是，是否 AmFoxP 也在离开蜂巢但不跳舞的雄蜂中增加，则不得而知。劳动的分工和社会团体的分化似乎对蜜蜂大脑内的 AmFoxP2 表达水平没有影响。羽化后一天，工蜂在聚集于眼睛、前桥叶和背叶的细胞体中表达 AmFoxP，后者被认为在机械感觉信息处理方面发挥作用。然而由于不知道 AmFoxP 表达神经元的投射模型，目前很难推断它们的功能（Kiya，2008）。

FOXP2 在不同鸟类的表达根据发育、季节和生理节律存在异时性。异时性的出现是鸣鸟敏锐的歌唱能力和社交环境导致的，其中牵涉的调控机制是未来研究的挑战之一。鸟类鸣唱学习与鼠类听觉刺激导致的 FOXP2 表达量的变化与 FOXP2 在听觉处理、发声运动行为以及两者整合方面的功能是相吻合的。

2.5.3 *FOXP2* 在突变鼠中的功能分析

FOXP2 小鼠模型中包含基因敲除鼠、持病原突变从而模拟 KE 家族或其他病人的鼠、鼠源性 *FOXP2* 基因中包含两个人类特异氨基酸（即鼠源性 *FOXP2* 被人源化）的鼠。持一个 *FOXP2* 无效等位基因或病原突变的杂合子鼠显示了 FOXP2 蛋白量降低 50%，从而模拟了 *FOXP2* 突变病人的单倍剂量不足（Lai，2001）。有研究观察到这些杂合子鼠有轻微的发育迟缓或脑形态有微妙异常的情况（Fujita 等，2012）。但又有研究报道这些杂合子鼠宏观上是正常的，没有这些异常（Groszer，2008）。人类 *FOXP2* 纯合子突变没有被报道过，可能是因为它们是致死性的原因。同理，持有两个病原性或丧失功能的 FoxP2 突变等位基因的鼠在出生后几周就死亡了（Fujita 等，2012）。

在持有与人类叉头框结构域病原性 R553H 点突变等效的突变鼠（*FoxP2* – R552H）中发现了听觉脑干处理过程的改变。然而在模拟人类病原性 R328X 突变（该突变导致了蛋白和蛋白质相互作用结构域被截短）的小鼠中没有发现以上改变（Kurt，2009）。这些结果可能反映了 R553H 保留了二聚化能力，而 R328X 突变没有保存这种能力。这两种突变蛋白在人类神经元样细胞系中瞬间表达时，它们的细胞内定位也有区别（Vernes 等，2009）。与其他 FOXP 蛋白相互作用多大程度导致了这些效应目前还并不清楚，但以上两个问题都有待进一步研究。

对 *FOXP2* 突变鼠的发声分析目前也仅限于幼鼠发声。下降的 FOXP2 剂量不会阻止幼鼠发出听得见的呼叫、超声和轻敲声（Groszer，2008）。持有 *FoxP2* – R552H 错义或 *FoxP2* – S321X 无义突变的杂合鼠，会发出各种声音类型，没有显示出时域的显著变化（Gaub 等，2010）。在 *FOXP2* 突变的和野生的成年鼠中，求偶歌曲和其内在的神经基质是否有区别我们不得而知，我们也不清楚小鼠的歌声是否也是通过模仿（类似于人类言语和鸟鸣）获得的。有不同复杂水平的声音输出的四种鼠类没有显示与其不同发声能力相关的种属特异性 FOXP2 表达模式。但该研究呈现了 FOXP2 在不同鼠类皮质和杏仁核的异位表达的有趣现象（Campbell，2009）。在缺乏关于鼠发声途径和FOXP2在其中潜在作用的更为明确的信息时，Groszer（2008）描述了R552H杂合鼠与同窝幼仔在行为和生理上的显著差异。FOXP2剂量降低的突变体在倾斜转轮系统中和加速的转棒中表现较差，这与运动学习技能受损以及额皮质纹状体区和/或额皮质小脑区回路受影响表现出来的相一致。它们也显示了侧纹状体谷氨酸突触受损的长期抑制（突触可塑性改变的一种形式）。小脑突触可塑性也有微妙的区别，虽然回路总体正常。

2.5.4 *FOXP2* 在鸣鸟中的功能分析

鸟鸣，正如人类言语和语言，必须通过实践把听觉输入与声音运动输出相整合以习得。Haesler（2007）为寻找FOXP2和习得性复杂发声的因果关系进行实验时发现，在感觉运动学习阶段的雄性斑胸草雀的纹状体BG核X区，*FOXP2*被慢病毒介导的RNA干扰抑制。在X区FOXP2水平降低的鸟不能从教练鸟的鸣曲中学会完整的一套歌曲，会忽略几处音节，而且它们复制被模拟的音节没有对照组精确。相比于正常表达FOXP2水平的对照组来说，它们的歌曲更多变。这种发声多变性也是*FOXP2*突变病人的特征。然而，该研究也发现由于*FOXP2*抑制导致的缺陷不仅限于运动表现。在*FOXP2*受抑制的斑胸草雀与对照组之间，在学习阶段模仿成功率已有显著区别，鸣曲元素发出（音节）的可变性在研究组中持续增长，而在对照组中不再增长。利用目前的动物模型很难精确地分析感觉、运动或感觉运动整合对发声损伤的各自贡献。

鸣鸟的前脑通路类似于哺乳动物的皮层—基底神经节—丘脑—皮层环路，但存在显著的区别。如哺乳动物中的纹状体一样，鸣鸟中的纹状体X区接收皮层谷氨酸能传入，后者与在组织化学和电生理学特征上与哺乳动物中型多棘神经元极为类似的多棘神经元相连。鸣鸟X区多棘神经元的皮质输入也受中脑多巴胺能输入的突触前调控。然而，X区也包含无棘的、紧张性活动神经元，类似于哺乳动物的苍白神经元（Farries，2005）。Goldberg等人（2010）根据对鸣鸟的X区研究鉴定了两种这样的神经元，它们在连接性和放电模式上有区别，这与灵长类的苍白神经元非常相似。重要的是，在鸣鸟纹状体内的 X 区其连接性与周边纹状体略微有差异。这些差异可以反映新特征的进化改造，如鸟类的声音学习。Schulz 等人（2010）对 X 区多棘神经元 *FOXP2* 受抑制的细胞研究结果发现研究组比起对照组神经元来说棘突更少。若神经元在分化之前（如脑室区的成神经细胞），其 *FoxP2* 抑制的话这种效果会更明显。

突变小鼠研究发现 FOXP2 蛋白水平的降低会影响纹状体和运动学习的突触可塑性，然而对发声的影响较小。而鸣鸟中的功能研究发现在鸣唱学习阶段的年轻斑胸草雀的纹状体 X 区实施 *FOXP2* 基因操作会造成鸣唱损伤，其表型上类似于人类发展性言语失用症状。如 *FOXP2* 突变病人一样，FOXP2 表达量减少的鸣鸟，不能发育所有的声音潜能，在产生声音元素时更多变。成年鸣鸟纹状体 X 区的 *FOXP2* 受抑制会影响树突棘的结构可塑性，这很好地补充了小鼠模型中表现出来的突触可塑性变化的数据。

2.5.5 *FOXP2* 的进化

关于语言起源的实证理据有三方面来源：考古学来源、中间形式语言的语言重构（历史语言学范畴）以及语言进化限制因素的计算机模拟（Fisher，2006）。这些研究取得了许多重要的结果，然而由于取证困难等因素导致了关于语言起源的研究长期没有突破性进展。生物研究领域内，在 2000 年左右，人和一些模式生物的基因组全序列相继被测定，积累了大量的基因组学数据。人类进入后基因组时代，分子遗传学技术的发展，为人类语言的起源和进化研究不断提供新的实证数据。语言起源的分子遗传学研究手段有：比较灵长类基因组序列、比较灵长类基因表达调控、发育性交流障碍相关基因研究（Fisher，2006）。从研究言语和语言障碍相关基因的角度来研究语言起源，其基本思路是：先确定人类发育性言语和语言障碍相关基因，以这些基因为目标，进行种间及种内对比，研究其进化机制和进化历程。这种思路在大脑发育（进化）基因的研究上取得了重大进展。

例如 MCPH（Primary Microcephaly，主要常染色体隐性头小畸形疾病）

相关基因研究。人类大脑容量在灵长类进化中显著增长，人们对其内在分子机制在 MCPH 疾病相关基因的研究中得到了启示。MCPH 疾病的主要特征是病人的头比正常人小得多，相当于早期古猿的脑容量大小（Tang，2006）。MCPH 疾病有多基因基础，已知其中至少四个（包括 *MCPH1*、*ASPM*、*CDK5RAP2* 和 *CENPJ*）在从猿到人的灵长类动物中经历了显著的正选择（Tang，2006）。例如 Evans 等（2004）把人类 *ASPM* 和其他 6 种灵长类动物的 *ASPM* 进行了比较研究，发现 *ASPM* 在大猿系列进化明显加剧，而从猿类到人类尤为明显。此外从人类最近的祖先到现代人类，其 *ASPM* 基因的 Ka/Ks >1，说明受到显著的正选择作用。运用 McDonald - Kreitman 检测种间多态性和种内分歧进一步证实了 *ASPM* 在最近人类进化中经历了强烈的正选择。该项测试还显示从五百万到六百万年前人猿分离后，ASPM 平均每 300 000 到 400 000 年固定会有一个优势氨基酸变化，这符合 *ASPM* 基因在人类进化中调控大脑容量的推断。*MCPH1* 在 DNA 受损反应和调控细胞周期检测点中发挥作用，而其他基因编码微管蛋白相关的中心体蛋白，从而调控神经元前体细胞的对称细胞分裂（Tang，2006）。2005 年，*ASPM* 和 *MCPH* 基因由于自然选择导致的最新型演化基因型（简称为 *ASPM - D* 和 *MCPH - D*）分别被报道，且发现它们呈现出倾向性的地理分布（Evans，2005）。Dediu 等（2007）提出声调语言分布倾向与 *ASPM* 和 *MCPH1* 相关，即持原始型（ancestral forms）*ASPM* 和 *MCPH* 基因的现代人类倾向说声调语言，而持 *ASPM - D* 和 *MCPH - D* 基因型的人倾向说非声调语言。

再如 JBTS（Joubert Syndrome，家族性小脑蚓部发育不全）相关基因研究。JBTS 为非常罕见的综合征，临床表现为眼睛震颤，心理缺陷，脸孔、手和脚较小的先天缺陷。其中 JBTS3 是大脑特异性疾病，由 AHI1 变异引起。AHI1 是一种细胞质适配蛋白，可能调节轴突纤维的交叉。AHI1 显示在人类进化世系中 Ka/Ks >1，自人类与黑猩猩分离后，有 12 个氨基酸的改变在现代人类中固定下来，可能与人类特异性运动行为产生相关（Ferland，2004）。

FOXP2 的进化是神秘的。一方面，所研究的大多数物种的 DNA 数据

的差异少于10%。这一数据结合脊椎动物中相似的脑表达模式，显示该蛋白具有进化上原始而重要的功能，且不局限于人类。另一方面，*FOXP2* 基因及其部分靶基因在人类世系的进化中具有选择性清除的倾向。这些研究成果，结合该基因在语言中的功能研究，导致人们认为人类 *FOXP2* 基因是“帮助我们成为人类”的重要因素之一。非人类和人类 *FOXP2* 基因的本质区别是什么？黑猩猩和人类蛋白质序列只存在两个氨基酸的差异（不计算黑猩猩 FOXP2 内多聚谷氨酰胺重复序列内多余的谷氨酸胺）。这两个氨基酸都不存在于有典型蛋白质功能的结构域内，因此人们对它们的分子功能也不清楚，这些区别是否是导致人类具有语言而黑猩猩不具有的原因？为验证这一观点，Enard 等（2009）把两个人类特异性氨基酸引入鼠 *FOXP2* 位点。有趣的是，有部分人源化 FOXP2 版本的鼠幼仔在生物学声学上与对照组有差异。此外，携带人源化 FOXP2 版本的鼠显示更少的探究行为，纹状体中型多棘神经元的突触可塑性改变，在包含额皮质、侧尾壳核的五个脑区多巴胺水平降低，在培养时有更长的树突。在跟踪研究中，人源化 *FOXP2* 版本的鼠显示皮质－BG 回路受到特别影响，但对皮质—小脑回路却没有影响。这些研究显示人类 FOXP2 与鼠类版本功能的不同，但对黑猩猩的 FOXP2 被引入鼠是否会有不同的表现，且如何表现不得而知（Reimers－Kipping 等，2011）。

人类特异氨基酸中的一个也在食肉动物中存在，这也让人们对这两个人类特异氨基酸与人类语言能力的相关性提出了质疑。更重要的是，最近对两个人类特异氨基酸编码区的上下游基因组序列测序提出了这种可能性，即选择性清除实际上与这两个人类特异氨基酸替代不相关。另外，对人类特异 *FOXP2* 序列出现的初始估计可以追溯到约 26 万年前，与语言进化相关的文化产物出现的时间是相伴而生的。然而，最近的数据显示，穴居人已经具有了人类类似的 *FOXP2* 版本，尽管这一支系在约 30 万到 40 万年前已经与现代人类分离，时间早于目前认为的语言出现时间。或者在穴居人和现代人之间具有基因流动，或穴居人的基因样本污染了现代人类的 DNA（Krause，2007）。最后一个有趣且目前未被理解的研究是关于蝙蝠的，蝙蝠比起其他研究的脊椎动物来说有更大的序列差异。据猜测，这种差异可能与蝙蝠中存在的回声定位或不同的声音行为有关（Li 等，2007）。

要确定 FOXP2 的功能和它对声音学习的进化贡献，其最大的挑战之一是了解基因在不同物种的动态表达。现在有亟须回答的几个问题：①非编码区 DNA 序列改变在不同物种中是如何影响 FOXP2 表达的；②编码改变如何影响蛋白质结构及它与其他蛋白质和 DNA 如何相互作用；③与 FOXP2 互动的蛋白质差异表达的功能是什么；④对内在和外在信号，*FOXP2* 表达的反应是什么。这些因素都是进化变化的重要原因。鸣禽是探索异时性的有效模型系统，因为年龄相关的差异、季节变化和与歌唱模式同时发生的差异存在于 X 区，在各种鸣禽中继续研究 FOXP2 表达将会非常有趣。此外，需继续努力鉴定调控 FOXP2 时序表达的基因组位点。

2.6　本章小结与讨论

发育生物学对生物进化问题研究的影响是深远的，它使人们不仅越来越感到传统的生物进化思维模式——即生物进行着孤立的、小规模的遗传性表型突变，又通过环境的选择对其实现渐进积累，由此引导生物进化的狭隘性和局限性，也认识到生物是一个复杂的动力学系统，它具有不断地发展和提高自身的进化能力。具体表现在：在进化的过程中，生物的核心细胞学过程有着高度的保守性，多细胞动物中存在一些关键作用的调节基因，其改变可能造成发育调节系统的变化，进而使生物体制出现大的变革等。因此必须拓宽语言研究中“动物模型”的使用范围，未来在分子遗传学水平可能解决关于语言是否为人类所独有、人类语言能力是突变还是渐变等争议性问题。例如，Fitch（2011）尝试用进化—发育生物学的观点来讨论关于“突变还是渐变”的问题。“若认为语言是从先前某种早期灵长类动物已有的声音交流系统改造进化而来，在分子水平上，某一在结构和功能上具有高度保守性的基因（如 *FOXP2*）可能在祖先的交流系统不发挥作用，只参与呼吸、咀嚼或记忆的神经回路。然而由于基因倍增使发育‘设计’和控制能力急速提高，使之参与到声音控制系统中来，成就了人类语言表达的高度灵活性，从而代表了人类进化的一个新型产物，并冠以'言语基因'的美名。相反，根据一些语言学家的观点，认为语法的进化是灾难性的、突发事件，从而导致语法简单的先一代诞生了'语法复杂型'语言的后代。那导致这种显著表型改变的遗传机制是什么？这也可以用类似的基因倍增或基因趋异的遗传机制来解释。在这种情形下，我们可以想象一个先前参与构建专属于运动控制、空间推理、社会职能或其他先祖功能的神经回路的基因，通过突变从而在大脑中广泛表达，大脑由此获得过去所不曾拥有的'语法'功能。若这个假想的由于基因倍增导致的新等位基因，经过快速选择从而使之进化获得具有新型适应特征的语法功能，那么它就可以堂而皇之地被称为'语法基因'。"

或许我们可以想象有其他基因导致了声音学习的回路变化，随后，*FOXP2*，这个已经在先导回路中发挥作用的基因，在新环境中获得了新的功能，或该基因本身已改变。如鸣禽，鸣曲核团已在陈规的运动行为，如跳跃、行走等表现活跃的脑区域中埋藏，在这种进化情境中，纹状体 X 区的 FOXP2 表达对感觉运动整合或精细声音行为的时间控制发挥作用，在声音学习者的进化中，一旦纹状体与其他对声音学习必要的区域相连，人类 FOXP2 突变会变得人类特异，可能影响神经传递。这将是在语言进化中 FOXP2 功能的"二次打击"场景。回路改变先于基因功能的改变。从初生鼠和鸟类的研究中发现，FOXP2 在某些回路的神经可塑性中发挥了作用。由于鼠中 *FOXP2* 纯合子突变是致命的，可以认为 FOXP2 也在发育中发挥了作用。这种推断在人类和鸣禽的与声音和学习有关的大脑回路中是否正确就不得而知了。

以上例子仅仅涉及 *FOXP2* 基因调控人类语言和动物交流系统的一些基本方面，它能否在促进人类语言产生的神经回路变化中发挥作用仍然不清楚。细胞系分析以及携带人类 *FOXP2* 等位基因的鼠微神经回路研究也许是一个正确的方向。在整个语言和交流体系的发育过程中，*FOXP2* 在各种类型的细胞中激活或抑制多种效应基因，由于这些基因相互作用的复杂性，要完全彻底地了解 *FOXP2* 基因介导的分子通路是如何确定语言进化的，还有很长的路要走。未来十年，将有更多的数据帮助我们形成更有根据的假说，而并非像现在完全处于推测状态。最能帮助我们了解人类语言的神经、基因和发育水平的数据可能来源于鸣禽、鼠或果蝇，甚至是水母或酵母。

人类语言和一些动物的发声，都是一种听力指导下的声音运动学习方式。对其潜在的神经和遗传机制的研究将揭示其异同。声音学习是否的确是一些物种的特征，且呈现出平行进化的情形，或者它是一种古老的特征，在一定程度上存在于更多的物种，而这些物种从未被严格意义上研究过？每一物种都有与其他物种共享的，或是其独有的适应特征，这取决于对人类在宇宙中所处地位的看法。我们与其他动物共同部分以及差异部分都有待研究，我们不能受制于“人类物种特异”的认知偏见，而对动物能做些什么，不能做什么保持一种无知的态势，需要通过实验来证明语言的前身是否存在于各种亲缘动物中。如果看不到动物也有某种语言的生物前提，看不到动物在演化成人类之前曾经经历了亿万年的共同道路以及人与动物在起源上具有共性，那将是片面的。人类语言的生物能力不是凭空出现的，这种生物能力必有演化上的继承性。

3　语言功能性元素的遗传视角

虽然儿童具有先天的语言学习能力，然而有相当比例的儿童患有原因不明的语言相关缺陷，如智障、脑瘫、孤独症和听力损伤等。从病理学的角度研究语言，观察患有语言障碍的儿童，有助于认识儿童语言系统的内部结构，逆向寻找到语言功能相关基因。

语言障碍包含广泛的症状，有着异质和重叠的表型，以及同时受遗传和环境影响的复杂病因。近年来遗传学方法已鉴定言语和语言表型相关基因，描述了这些基因正常和异常功能的特征，阐明了分子和认知机制的复杂细节，为生物学研究基础上的语言研究提供了宝贵的见解。在这种方法的指引下，以下将叙述基因变体的功能部分，目前已知它或者与言语和语言障碍有因果关系，或者对正常的语言能力谱系有影响。同时也将对与遗传性言语和语言障碍有关的候选基因进行综述。此外，也将评估在发展性综合征中的语言表型和相关的遗传组分，提供语言功能多因子决定因素的细节。所有分析将揭示相互关联的发育网络和语言机能及认知功能之间的密切联系，为语言学假设，特别是语言机能的遗传贡献以及模块性质提供佐证。

3.1　遗传因素和语言表型

语言和言语作为一种具有生理、心理特征的复杂表型，要解释其行为起源及遗传机制，须用到行为遗传学方法。行为遗传学是在遗传学、心理学、行为学和医学等学科发展的基础上形成的一门交叉学科。它以解释人类复杂的行为现象的遗传机制为研究的根本目标，探讨行为的起源，基因对人类行为发展的影响，以及在行为形成过程中遗传和环境之间的交互作用（迪恩·海墨，2006）。传统行为遗传学的观点认为一种行为性状（trait）是由一种基因控制的，某种基因的缺陷足以导致特定行为的障碍，二者之间有决定性的因果关系，即“一种基因，一种障碍”（One Gene, One Disorder, OGOD）。但是，这种简单的模式对于了解大多数复杂性状是没有助益的。人类的复杂行为并不简单地遵循孟德尔（Mendel）单基因遗传定律，除了某些罕见的疾病，如亨廷顿舞蹈病（Huntington's disease）明确由单个基因变异所致，大多数行为性状均受多种基因（polygenic）影响，这种多基因系统里的基因被称为数量性状位点（Quantitative Trait Loci, QTL）。正是众多独立的、在不同程度上发挥作用的基因使得表现型在人群中呈连续（数量）分布。这些作用大小不一的基因之间，以及它们与环境之间都以高度复杂的方式交互作用而影响着生物体行为的发生与变化。这种累加和交互作用只决定某种病理性行为发生的倾向性及易感性，而并非因果关系，即基因网络和众多环境因素共同影响了大脑的发育和功能，由此影响行为的产生。

在分子生物学等现代技术飞速发展之前，行为遗传学研究方法几乎完全建立在家系研究的基础上，行为遗传学家使用计量遗传学（quantitative genetics）方法进行孪生子、收养子家系研究来探索基因对行为的影响。计量遗传学研究的目标就是将一种性状的变异或性状之间的共变分解成可由遗传因素和环境因素分别解释的成分。几十年来的研究结果充分说明遗传因素影响着包括行为在内的几乎所有的复杂性状。遗传变异对大多数复杂性状的影响的遗传度估计值（Heritability estimate, H）大多约在0.4~0.6之间，也就是说表现型变异的40%~60%是由遗传变异造成的。然而，计量遗传学研究在先天基因型和行为表现之间建立的这种联系还是很不精确，而且仅仅停留在统计学层面。这些传统研究只能提示我们，在特定时间、特定环境下的特定人群的行为表现上的差异在多大程度上可归因于遗传变异，而不能告诉我们究竟是哪些基因引起或影响着行为，更毋庸说基因是如何发挥作用的了。

为此，近15年来，分子遗传学家始终在试图寻找哪些基因与特定行为特征有关。他们使用的基本方法称为连锁研究（linkage studies）和关联研究（association studies）。这两种研究的目的都是在一个基因和一种性状之间建立联系或关联。连锁研究以携带某种性状或疾病的家系为研究对象，对连续几代人的DNA样本加以分析，确定是否有特定基因“露面”。采用这种“自上而下”（top-down）的方法，即从行为水平入手追踪到基因水平，是因为研究者并无假定的候选基因，用这种方法较容易找到作用较大的基因，但很难确定那些作用小的基因。然而，大多数复杂行为特征往往牵涉很多微效基因（genes of small effect）。另一种较新的方法，关联研究（也称作QTL分析）则从与感兴趣的行为特征可能有关的基因入手，观察具有某种表型的人群和不具有这种表型的人群携带该基因的情况，以期在候选基因和行为特征之间建立关联，即建立一种可能的因果关系。相对于连锁研究，这种“自下而上”（bottom-up）的方法更易找到只有很弱效应的基因。但是，决定大多数性状的候选基因的数目往往较大，因而一一确定它们的意义和作用也是一项相当艰巨的任务。近年来，一些高通量（high-throughput）技术的出现，如DNA池（DNA pooling），即进行多个样品一次PCR（聚合酶链式反应），并对遗传标记等位基因频率（allele frequency）进行定量，显著降低了进行大规模关联研究的成本，使在候选位点上使用密度更高的遗传标记和进行全基因组连锁不平衡（linkage disequilibrium）分析成为可能。

由此可见，新技术的运用大大提高了研究者通过关联研究筛查特异基因的效率，有利于运用分子生物学方法更直接地确定基因型和表现型之间的因果联系，同时可帮助行为遗传学研究迈出计量遗传学领域，步入功能基因组学时代。使用功能基因组技术，研究者们可真正研究他们感兴趣的基因在体内是如何表达及参与哪些分子途径的。如微阵列分析（microarray analysis）技术可实时（real-time）采集一系列信息，如发育过程中基因何时被开启和关闭，在特定时间内有哪些基因表达以及表达量有多少，这些都有助于研究者探明基因到底是怎样影响复杂表现型的（白云静等，2005）。

行为遗传学研究表明言语和语言障碍具有明显的家族聚集性。同卵双生子的同病一致率高于异卵双生子，正常的各项语言功能有中等以上的遗传度，而各种言语和语言障碍的遗传度通常都很高。最近来自临床研究、脑成像、神经生理学、细胞和发育生物学及动物模型的跨学科研究为人类语言的诸多特性提供了越来越多深入的见解。关于言语和语言障碍的遗传学和基因组学的进展已经鉴定了与语言表型有关的特异性分子、细胞、神经元和认知元素。虽然语言障碍包含广泛的症状，有着异质和重叠的表型和同时受遗传和环境影响的复杂的病因，然而在语言发育和能力中有显著功能的几个基因最近已得到鉴定。

这些基因中的大多数，及其编码的基因产物的确切语言相关机制还有待进一步鉴定，然而在了解相关的病理过程以及语言相关功能方面已有巨大进展。包含各种表型的多基因障碍所呈现出来的复杂图景要解释起来更具挑战性，然而在复杂综合征中语言损伤中的一些特征已得到鉴定。

下文将总结与言语和语言能力有确切功能关联的单个基因和包括儿童言语失用症（CAS）、特异性语言损伤（SLI）、口吃、阅读障碍与言语和语音障碍（SSD）在内的遗传性言语和语言障碍的遗传决定因素，同时也将综述其他遗传性综合征。在这些症状中，言语和语言表型是主导的、而非唯一的病理。

通过比较分析，与言语和语言能力有特别关联的几种调控网络、信号途径和结构性元素已浮出水面。以下将描述被确定为与语言表型相关的基因组序列变异中的三种类型。第一类为与语言能力功能上相关的等位基因变异；第二类更为复杂，为与有重叠表型几种遗传性言语和语言障碍相关的遗传决定因素（编码区和非编码区序列变异）；第三类是最复杂的，分析语言损伤仅为其中一部分表型的多向性临床症状中的语言表型相关基因。这三类并非截然分开，如此分类是有利于从语言学和遗传学的不同角度进行分析。

3.2 言语和语言障碍

语言（language）是由语音、词汇和语法构成的符号系统。言语

（speech）是指个体利用语言进行交流的活动、过程。言语语言无疑是人类交流的主要手段。交流（communication）是指人与人之间用言语、手势、文字、表情等互相通报和交换经验、意念、感觉等的过程。交流是交换信息与思想感情的过程，是一种包括主动表达和获取信息的过程，是主动对信息编码—传递—解码的过程。交流的方式有多种，用口说“言语”（speech）是人类交流的一种最主要方式。说不出（不能用言语表达、讲述）和听不见（不能感知别人说的）是人类交流功能障碍的主要问题。交流障碍（communication disorder）包括听功能障碍、语言障碍和言语障碍。儿童言语和语言障碍的发生率较高，但由于不同调查者使用的定义标准、调查目标及测查工具不同，因此所获得的数据有很大的差异。一般估计这一人群大约占人口的10%或更高（昝飞，2005），且覆盖面广，既可见于正常儿童，表现为语言发育迟缓，也继发于其他疾患者，例如自闭症谱系障碍、学习障碍、听力损伤等。我国因缺乏这门专业分支，临床常将其误诊为智能迟缓、发育障碍等其他疾病，且又无有效的干预手段，因而影响到这些儿童的学习、交流和社会能力的发展，从而严重影响他们的生存质量（金星明，2002）。

1977年美国言语语言听力学会将语言障碍定义为：个体在语言系统的知识上未能与预期的常模相称的情形，特别是一个儿童在语言的运用技巧上有缺陷，未能达到同龄儿童的预期水平时，就称其有语言上的缺陷。这类个体往往在词汇、语句、语法的理解和运用等方面存在明显错误。而言语障碍是指个体的言语过分异常，引起交际对方的注意，出现厌烦等情绪，甚至所说的话完全不为听话人理解（昝飞，2005）。即不能像正常人说话那样发出清晰、流畅、准确的言语为言语障碍。

具体来说，语言是用被一个群体所公认和通用的符号来思考、记忆、回想、表达意思、传递思想的工具。人类语言是由语音、词汇和语法构成，一般以口说或书面的形式表达出来。人们可以用听觉、视觉、触觉、嗅觉、味觉等感知客观事物，并用这些感觉在脑中再现的表象（图形的、声响的、运动的、力度的表象）来“想”。但要将所“想”的与他人交流，就要用公认的符号系统，即把语言作为媒体，让他人了解自己所

“想”的。在口头说出言语、写出文字之前，将“想法”、“念头”用符号加以整理和按公认的规则加以编排的过程称为“符号化”（symbolization）。语言能力就是使用符号的能力。

人类主要用言语交流，也常用文字进行交流。言语和文字都是以语音为代码的表达语言的行为。人类也用一些不是以语音为代码的“肢体语言”（如动作、表情、眼色等）、图形、旗语、（通信系统中的）语言码（language mode）等符号交流，计算机语言也属于符号系统。语言障碍也就是运用符号的功能障碍。语言功能包括用哪种语言（汉语普通话、某种方言、某种外语、某种形体语言）为符号和如何运用音系（phonology）、词法（morphology）、语义（semantics）、句法（syntactical）和语用（pragmatics）组成要表达的语言。在这一过程中的任何缺陷，都属语言障碍（language disorders）。当“符号化”出现问题时，可表现为不能正常地用语言符号进行交流。语言功能障碍（language impairment）或称为“语言能力丧失”（linguistic disability）。

语言有几个要素：形式、内容和应用。形式包括音系、句法和词法。这三个要素将声音（或其他符号）与所要携带的意思相联系。内容指语言所含的“意思”或语义，应用则指“语用”。句法、词法、音系、语义和语用，这五个成分是将符号按所要表达的意义组合起来的基本规则系统。词法是词素组成词的规律和过程，以及词在音位和句法间的桥接的规则。音系是用什么“音”，音位在数量或分布上的变化、组合的规则，例如有些音不应在某一位置出现（如普通话/q/后只能接/i/、/u/，或以/i/、/u/开始的韵母）。语义则关乎词的意义，含有意义的词之间的关系，区分有意义和无意义的声音等规则。语用学则关系到如何运用语言的规则。句法则是关于如何安排词在语句中的次序。在交流中要同时应用这些规则系统。

人类的交流障碍和语言障碍，几乎都是以口头语言（言语）障碍的表现引起关注的。虽然人类的“语言”是以“语音符号”为主，但还有多种其他的符号系统。在讨论语言障碍时，主要是关注以语音为符号的功能障碍。以语音为符号的语言，多以口头说出的方式（即言语）表现，也可用书面的方式表现。以言语的方式表现时，由“音系层面”，通过发声机制产生语音。以书面方式表现时，则需经过从声音符号“转译”为文字符号，然后通过书写或打字等动作写出或打出。在用其他符号系统（如手语、表情、图形等）的语言产生过程中，可以没有声音系统的参与。有时语言的主要成分“形式”、“音系”被其他符号所代替。当符号化过程失常时，就会在理解语言或形成语言时发生不同程度的功能障碍，即语言障碍（language disorders）。这种符号化障碍，常见于特异性语言损伤（specific language impairment）、儿童失语症（children with aphasia）、智能低下（mentally retarded）、孤独症（autism）及听力减退，严重影响儿童学习语言。语言障碍也见于成人失语症。语言障碍应与由于语言（诱系、民族、方言）的不同和文化的差异而导致的交流困难相区别（姜泗长，2005）。

美国精神疾病诊断标准（DSM－IV）把言语和语言障碍分为五大类：表达型语言障碍、表达—接受混合型语言障碍、构音障碍、口吃和其他或待分类的交流障碍。其中构音障碍和口吃属于言语障碍，而语言障碍为“语言运用障碍”，即大脑中语言符号转换（编码、解码）的言语行为障碍，既可发生于言语表达过程，也可发生于语言理解过程（Newbury，2010）。

虽然许多言语和语言障碍在临床上有区分，然而它们在临床上表现出高度的异质性。许多患儿不会纯粹属于某种诊断类别，且在语言发育过程中诊断类别可能会相互转换，如约15%的永久性言语障碍患儿同时患有语言障碍，约5%的特异语言损伤患儿同时也有言语障碍（Shriberg，1999）。言语障碍和语言障碍之间、言语和语言障碍与其他发育问题之间的确切关系也颇有争议，这些都导致了病因的鉴定困难。然而分子遗传学研究已发现了影响言语和语言障碍的染色体、基因座位，甚至相关基因。

3.3 语言能力相关基因

3.3.1 *FOXP2* 与发育性言语和语言能力

FOXP2是叉头框（FOX）转录因子家族（FOXP1－4）中的成员之一，

是保守的 DNA 结合转录调控因子。*FOXP2* 基因杂合性变异是第 1 例被证明的导致言语发育障碍和语言缺陷的基因突变。既然 *FOXP2* 与发育性言语运动障碍（症状包含口面部肌肉失去控制、流利言语产出方面有缺陷，同时影响表达型语言和接受型语言）有关，*FOXP2* 在言语和语言获得方面的功能得到了广泛研究。除了包含 *FOXP2* 基因在内的大范围染色体缺失外，与语言能力有关的各种 *FOXP2* 等位基因突变（包含错义突变、无义突变和转位断点）也在各种人群中被证实过。*FOXP2* 相关障碍的最突出而稳定的特征是其核心表型为学习和产生协调性口面部运动顺序的困难，从而影响流畅言语的发出和语言损伤（Vargha – Khadem，2005）。*FOXP2* 也影响各种认知功能，同时 *FOXP2* 也在负责精细运动控制的运动皮质、纹状体、小脑等脑区域表达。FOXP2 依次调控许多靶神经基因的表达，也处于与言语和语言功能有关的调控网络的中心。FOXP2 影响初级神经元的神经突增生，调控神经网络形成，修饰皮质基底神经节回路，同时影响感觉指导下的发声模式的运动学习（Spiteri 等，2007），这些功能已得到广泛的动物模型研究数据的支持。

3.3.2 *FOXP1* 与语言发育迟缓和缺陷

在 *FOXP* 家族成员中，*FOXP1*（和 *FOXP2* 具有最近的同源性）也与包含语言表型的人类认知障碍有关。在一位发育迟缓与有言语和语言障碍的病人中注意到其 *FOXP1* 和其他三个基因的缺失（Pariani 等，2009）。一位言语运动障碍病人也被鉴定为 *FOXP1* 基因编码改变（Verves 等，2009）。在一位 Chiari I 型畸形（小脑扁桃体异常）和癫痫样放电的运动发育和言语迟缓的病人中也发现 *FOXP1* 缺失（Carr 等，2012）。对三位无亲缘关系的病人进行的大规模学习障碍病理研究发现 *FOXP1* 基因的缺失（Horn，2011）。在其中一个 *FOXP1* 基因缺失的病例中，其表型谱包含智力残疾（ID）和严重的语言损伤，意味着 FOXP1 对脑发育可能比 FOXP2 具有更广泛的影响。分析 6 个已知病例，均为 *FOXP1* 杂合突变，被鉴定为发育迟缓、运动发育滞后、轻微到中度的智力残疾、行为问题和表达型语言受到更多影响的言语和语言缺陷（Horn 等，2011）。在一个有着孤独症表型、严重的言语迟缓和运动协调有缺陷的成年病人中发现罕见的3p14.1的微缺失影响了 *FOXP1* 基因整个编码区，进一步证实了 *FOXP1* 单倍剂量不足在神经和语言缺陷中的作用（Palumbo，2012）。在发育的脑区，FOXP1 的表达与 FOXP2 重叠，和 FOXP2 形成异源二聚体，在共同的发育和神经发育通路中充当转录调控因子。在重叠的表达型语言表型中显示了异常的 FOXP2 和 FOXP1 功能，而同时又有各自不同的认知和语言特征，这支持了两者有共同和不同的神经发育功能。FOXP2 的功能性缺陷既影响表达型语言也影响接受型语言，其核心特征是正常言语需要的口面部运动损伤导致了异常发声。FOXP1 的改变更显著地促进一系列神经发育障碍，这些障碍将导致包含言语和语言（似乎更特别影响表达型语言）在内的认知表型异常。由于目前鉴定显示功能有缺陷的 *FOXP1* 等位基因一直与广泛的认知损伤有关，因此这些病人中语言特征的改变被认为是和认知功能改变有关。

3.3.3 *FOXG1* 与 FOXG1 综合征

在和先天 Rett 综合征儿童的病例有重叠特征的病例中发现了包含 *FOXG1* 的 14q12 染色体的亚微观缺失和 *FOXG2* 基因内突变。对一组 *FOXG1* 突变病人的广泛的临床分析发现了独特的复杂特征，包括头小畸形、智力迟钝和语言缺失（Kortum，2011）。脑成像发现额叶白质的减少、简单的脑回形态、胼胝体发育不良和可变轻微的额脑回肥厚。这些特征和语言能力损伤有关。在包含 *FOXG1* 和 *PRKD1* 微增生，同时有发育迟缓和癫痫、认知损伤和严重言语迟缓的病人中，*FOXG1* 剂量的增加被认为是一些神经发育表型的原因（Brunetti，2011）。在两例没有语音能力的先天 Rett 综合征病人中发现了 *FOXG1* 突变是促进胼胝体和大脑额叶发育不全的原因（Takahashi，2012）。研究 7 例病人，两例为 *FOXG1* 点突变，5 例为 14q12 缺失的病人显示在 FOXG1 综合征的核心表型（头小畸形、严重的智力迟钝、语言缺失、运动障碍和胼胝体发育不全）中，运动障碍和胼胝体发育不良并不总是存在（Allou，2012）。在包含严重的智力损伤、发育迟缓、产后小脑畸形和肌张力减退等症状的非典型 Rett 综合征病人中，发现

了影响 *PRKD1* 但不影响 *FOXG1* 的 14q12 位点的缺失。然而 FOXG1 的表达水平降低，与 *FOXG1* 突变 Rett 综合征变异表型重叠是由于 FOXG1 表达受到错误调控。在持有 14q12 缺失（但不影响 *FOXG1*），其表型类似于 *FOXG1* 突变病人的严重的 Rett 样综合征病例中发现了 *FOXG1* 的一个活跃的远程调控因子，这进一步证实了受错误调控的 FOXG1 参与了严重的 Rett 综合征（Allou 等，2012）。

3.3.4 *NRXN1* 与语言能力损伤

NRXN1 突变参与了包括孤独症和精神分裂症在内的各种症状。在评估和 *NRXN1* 突变有关的表型谱系的 meta 分析中发现了语言迟缓（Ching 等，2010）。在这些病例中，鉴定了影响 *NRXN1* 基因编码区的 12 个外显子缺失，从而导致 NRXN1 蛋白的功能改变。*NRXN1* 缺失的个体表型可变，除了语言迟缓外，也包括孤独症谱系障碍和智力迟钝。后续对 *NRXN1* 杂合变异以及缺陷有关的临床谱系分析，证实了轻微的或在大多数病例中很严重的智力残疾、语言能力缺失或受损、正常的或轻微的运动发育迟缓（Gregor 等，2011）。NRXN1 是神经元细胞黏附蛋白，在突触分化中发挥作用，可能会促进包括认知损伤在内的表型。与之密切关联的 *NRX2* 基因也被发现与严重的语言发育迟缓有关。突变的 NRXN1 和 NRX 蛋白不能结合已建立的突触后结合伴侣——LRRTM2 和 NLG2，它们与轴突蛋白相互作用，影响突触后位点和突触前位点的对话。两者对于神经元间突触发育和有效信号传递是必需的（Gauthier，2011）。在突触组织蛋白内的基因改变（拷贝数变异和杂合突变）被报道与神经发育障碍（影响认知和包括言语和语言迟缓在内的行为、孤独症谱系障碍、智力残疾/智力迟钝、精神分裂症）中的普通病理性机制有关（Grayton 等，2012）。

3.3.5 *CNTNAP2* 与语言发育和表现

CNTNAP2 基因拥有 24 个外显子，位于 7q35－36，编码 CASPR2（Contactin－Associated Protein2）蛋白。*CNTNAP2* 与 *FOXP2* 处于同一条通路，FOXP2 结合 *CNTNAP2* 基因内含子 1，从而调控它的表达（Penagarikano，2012)。CASPR2 是神经元细胞黏附蛋白，在发育中的人脑中显示了渐变，在额皮质富集，这与服务更高级的认知和语言的神经回路成形的作用相一致。在一组复杂的言语和语言困难病例（含口吃）中，一条 10Mb 的染色体 7q33－35 缺失被检测到，瓦解了包含 *CNTNAP2* 在内的几处基因（Petrin 等，2010)。在三个染色体重排 ins（7；13）（q32q34；q32）的病例中，两例有语言迟缓、轻微面部畸形和包括智力迟钝和癫痫在内的神经精神疾病（Sehested 等，2010)。对一个在 7q34－q36.2（包含 *CNTNAP2*）内的 12.2Mb 缺失的病例的临床和病因研究，结合以前的报道证实了 *CNTNAP2* 的单倍剂量不足，更加显示了 CNTNAP2 在语言迟缓和/或自闭症谱系障碍中的作用。更具体地说，在 *CNTNAP2* 基因外显子 13－15 内的常见的等位基因变异会影响早期的语言获得，与其他风险因子一道会增加 SLI 或孤独症的易感性（Whitehouse 等，2011)。*CNTNAP2* 杂合突变基因也被报道过，除了和严重受损的言语发育有关，也和可变的运动发育迟缓以及智力残疾有关（Gregor 等，2011)。与 SLI 有关的风险变异的正常持有者被发现在语言处理过程中，脑活动会有变化。*CNTNAP2* 被鉴定为孤独症易感基因，然而在不同的种族人群中没有得到证实（Toma 等，2012)。另一个常见变异（rs7794745，AA vs AT/TT）被证实会促进句子处理（Kos 等，2012)。句法操作显示了基因型群体中神经认知处理的差异，而语义操作中没有处理差异。在脑成像分析中等位基因变异体 AA 和 T 持有者中也有脑活动差异。在人工的句法学习范式中，AA 组左下额皮质表现更为活跃，而行为研究结果显示 T 持有者以一种更有效的方式获得结构性知识。于是 *CNTNAP2* 等位基因变异横跨各种神经发育障碍，导致正常人群的差异。

3.3.6 *CYP19A1*——阅读、言语和语言障碍的候选基因

在染色体 15q21.2（与言语和语言障碍相关的基因座内）位点的 *CYP19A1* 基因编码细胞色素 P450 超家族芳香酶，有包括把雄激素转化为雌激素、控制特异脑区分化和脑性别分化在内的各种功能。等位基因变异被认为与阅读困难有关，在阅读、词汇、语音加工和口运动技能的定量测量中表现出变化。在人脑中 *CYP19A1* 的表达与阅读困难易感基因——

DYX1C1 和 *ROBO1* 的表达相关，显示了它的调控作用。在芳香酶缺陷的小鼠中观察到了皮质神经元密度的增加和皮质发育异常，在 *ROBO1* 基因敲除小鼠中和阅读困难人脑标本中也有观察到，这也进一步支持了它的功能（Anthoni 等，2012）。

3.3.7 *CMIP*、*ATP2C2* 与语音短期记忆

已知 16q 染色体与非单词重复有显著相关性，在 SLI 中语音短期记忆中通常是受损的。在对语言受损病例中 16q 的高密度筛查中发现 SLI1 基因组区域的两个候选基因——*CMIP* 和 *ATP2C2* 与非单词重复有高度显著而稳定的相关性。在模型实验中，这两个位点会对非单词重复能力造成独立的影响，因此可能会独立地调控语音短期记忆（Newbury 等，2009）。在荟萃分析中，CMIP 也发现与听阈有关。在病例研究中，*CMIP* 单倍剂量不足也显示与 ASD 和发育迟缓相关（Girotto 等，2011）。此外，CMIP 与阅读相关的特征也表明了语言损伤和阅读困难之间潜在重叠的遗传病因。CMIP 是细胞骨架适应蛋白，与 FilaminA、RelA、PI3 激酶等蛋白相互作用，在突触形成和神经元迁移中参与不同的通路。ATP2C2 调控细胞钙镁水平，在神经元过程中都是必需的（Newbury 等，2010）。

3.3.8 *PCDH11* 与语言功能

原钙黏蛋白基因 *PCDH11X/Y* 位于现代人类的 X 和 Y 染色体上，而在原始人类中，只有 X 染色体持有 *PCDH11* 基因。进化导致一段 3.5 Mb 区域（包含 *PCDH11* 基因）从原始的 X 染色体到 Y 染色体的复制移位，随后的序列修饰被假设为参与大脑不对称/偏侧优势的性二态性，成为人类处理符号和获取特异语言功能的决定因素（Crow，2002）。一个 X 和 Y 染色体同时缺失 *PCDH11* 拷贝的男童被报道有严重的非综合征言语迟缓，特征为语法减少的几个单词的句子，没有 ASD 或重要的异型或异常的先天特征（Speevak，2011）。*PCDH11X* 和 *PCDH11Y* 属于钙黏蛋白超家族，其中的成员在细胞间黏合信号、细胞多样性中发挥重要作用，在所有发育阶段的脑区表达，包括胎脑新皮质、神经节隆起、小脑和下橄榄核以及成年脑中的

大脑皮层、海马体和小脑中（Priddle，2013）。

3.4 遗传性语言障碍的遗传元素

3.4.1 儿童言语失用症

儿童言语失用症（Childhood Apraxia of Speech，CAS）是一种罕见严重的、持久的言语障碍，是指因脑损伤造成的不能将形成的和填充好的语音框架转换成以前学习过的、用来执行有目的的运动参数，即言语肌肉运动的位置、范围、协调性和运动序列的编程能力受损产生的运动性言语障碍（汪洁、屈亚萍，2006）。在一项针对鉴定 CAS 新型候选基因的研究中发现，在 10 号染色体上共有 16 处基因组拷贝数变异对言语和语言障碍有潜在的影响。有些病例在 2 ~ 3 个基因组区域表现出拷贝数变异，一个与 *FOXP2* 杂合突变同步发生，在 2 号染色体上有拷贝数变异，一个是 16p11.2 位点微缺失以及在 13 号和 14 号染色体上的拷贝数变异，说明了杂合性基因组通路参与了该障碍（Laffin 等，2012）。16p11.2 微缺失（典型的是 550kb）综合征表型，除了神经发育特征和轻微的智力残疾外，也包括言语语言损伤，这是最主要的临床缺陷（Shinawi 等，2010）。在两个 CAS 特征明显且稳定的病人中，16p11.2 的微缺失被鉴定为和其他 CAS 病例大约在相同的区域，这些研究可以共同得出一个结论：16p11.2 缺失比起更为罕见的 *FOXP2* 突变来说具有更高的归因风险度。16p11.2 缺失与 CAS、癫痫和孤独症的因果联系也被提出（Raca 等，2013）。在一项针对罕见的亚着丝粒 12p13.33 缺失（已知它与智力残疾和言语迟缓有关）的研究中，9 个新的微缺失病例被鉴定，以言语迟缓为首要独特症状，符合 CAS 的标准，具有神经行为学表型。最小的共同缺失的区域包括 *ELKS/ERC1* 基因，它们是 CAS 的候选基因，在神经肌肉接头有突触功能。另外受微缺失影响的基因，如脑表达的 *CACNA1C*，可能促成病人从健康到轻微再到严重影响的表型变化（Thevenon 等，2013）。

3.4.2 特异性语言损伤

特异性语言损伤（Specific Language Impairment，SLI）是一种语言获得的遗传性障碍，它是一种杂合障碍，包括没有明显肌肉运动病因的言语障碍、表达型语言（语法、句法、语义）缺陷、表达型语言能力损伤（Rice，2012）。在 SLI 中，与一项语音短期任务表现有关的 *ATP2C2* 和 *CMIP* 的等位基因突变显示了语言获得过程中记忆的重要性（Newbury 等，2009）。此外，SLI 的关联区域在染色体 16 及染色体 1（DYX8）、3（DYX5）、6（DYX2，*KIAA0319*）、7（*FOXP2*）和 15（DYX1）。在 SLI 病例中，*FOXP2* 显示与阅读、语言和发声相关，*KIAA0319* 与言语、语言和阅读措施相关，这些显示更加支持了言语和语言障碍与阅读障碍之间的病因关系（Rice，2012）。*CNTNAP2* 与非单词重复任务的定量标准有关，转而与 SLI 有关，会增加 SLI 易感性。*CNTNAP2* 的基因组区域也与孤独症中语言迟缓相关，于是 FOXP2 - CNTNAP2 通路也为临床上明显的综合征提供了机制上的联系（Vernes 等，2008）。*KIAA0319* 除了在神经迁移上的功能外，也被认为参与表观遗传调控，这一机制在 SLI 的重要性未知（Rice，2012）。只有少数编码区突变被报道来解释这些基因对 SLI 以及相关障碍的影响，因此有假说认为调控区的变化也参与其中。基于以上研究结果，表观遗传调控和生长信号被破坏的 SLI 模型被建立起来，该模型预测通过异常的细胞水平定时，新皮质功能可能会在语言获得阶段以一种与发育性年龄相关的方式受影响。

3.4.3 口吃

口吃是一种言语流畅障碍，特征是言语流的打断、音节的无意识重复和音节的延长（Newbury 等，2010）。对持久家族性口吃的多项全基因组连锁和关联分析及 meta 分析只发现和染色体之间的中度关联，有部分基因座复制可能是因为基因座或等位基因异质性、低外显率或者拟表型的常见发生。同族家庭研究提供了与染色体 12q23.3 的一个稳定区域（STUT2）有关联的更加确切的证据（Riaz 等，2005）。在 STUT2 区域内分析 45 个基因

的序列鉴定了 *GNPTAB* 基因编码区突变。*GNPTG* 基因突变在口吃患者中得到证实。GNPTG 亚单元结合 GNPTAB 产物，形成 G1cNAc－1－磷酸转移酶。持久性口吃相关突变也在另一个功能相关基因（*NAGPA*）中得到证实。GNPTAB、GNPTG 和 NAGPA 蛋白是溶酶体酶靶向通路的组件。与口吃患者中不同的是：破坏 GNPTAB 蛋白严重的突变会导致致命的溶酶体贮积疾病黏多糖症 II，减少 GNPTAB 活性的突变会导致黏多糖症 III_A，*GNPTG* 基因突变会导致黏多糖症 III_C。黏多糖症 II 病人有严重的言语缺陷，黏多糖症 III 中有一例病人被报道有口吃和言语不清（Newbury 等，2010）。在其他溶酶体贮积障碍中也注意到有口吃，包括 Tay-Sachs 疾病、Salla 疾病和 Sialuria 疾病，这更加证明了细胞内溶酶体在口吃中的主要作用（Kang，2010）。

3.4.4 发展性阅读障碍

发展性阅读障碍（Development Dyslexia，DD）是指一种有正常智力和有教育以及社会文化机会而在阅读方面出现的特殊学习困难状态。阅读障碍可由言语识认、理解、处理速度以及其他方面的原因所引起（左彭湘等，2011）。DD 不仅制约个体阅读能力发展，也会影响学业成就、社会性等方面的发展。它是一种特异学习残疾，包含伪词阅读、拼写、语音和拼字正确编码、快速自动命名、执行功能抑制和快速自动转换等功能受损。阅读困难与解剖上和功能上异常有关，包含左半球外侧裂周区白质的破坏、左脑半球颞顶区未激活而导致语音处理缺陷、参与单词辨认的左脑半球枕颞孔区未激活（Peterson 等，2012）。阅读困难表型和多个基因有关，同时受环境强烈影响。

在与阅读困难有关的 9 个风险基因座（DYX1－9）中，鉴定了 6 个候选基因：*DYX1C1*（DYX1，15q21）、*DCDC2*、*KIAA0319*（DYX2，6p21）、*C2orf3*、*MRPL19*（DYX3，2p12-p15）和 *ROBO1*（DYX5，3p12-q12）。*DYX1C1*、*DCDC2*、*KIAAA* 和 *ROBO1* 处于协同调控网络中，影响了神经元转移和轴突导向（Peterson and Pennington，2012）。另外鉴定的候选基因包括参与 SLI 的 *CMIP*、*MC5R*、*DYM* 和 *NEDD4L*（18p11.2-q12.20），以及

DGKI（在7q33内的0.3 Mb区域内）（Matsson等，2011）。在芬兰人群中鉴定的*DYX1C1*，也在其他人群中得到证实，它被认为直接影响阅读能力的发育（Bates等，2010）。DYX1C1蛋白调控雌激素受体信号和参与神经元迁移的基因的表达，也和细胞骨架蛋白相关。在有同样*ROBO1*单体型微弱表达的阅读困难个体中，受损的耳间相互作用与ROBO1表达以一种剂量依赖性的方式变化（Lamminmaki等，2012）。*ROBO1*风险单体型与听力通路中受损的半球连接性相关。*DCDC2*在微管聚集中发挥作用，影响阅读能力，和记忆损伤有关。在一项旨在确定阅读困难候选基因是否影响特异或广泛的认知特征的研究中，查明了阅读技巧和*KIAA0319*、*DCDC2*和*CMIP*的相关性（Scerri等，2010）。*DCDC2*特别与阅读困难相关，而*CMIP*和*KIAA0319*变体与在正常能力范围内的阅读技能相关。*DYX1C1*、*DCDC2*和*KIAA0319*等位基因突变也表现出与左颞颅顶骨的白质容量有显著相关性，后者包含连接中颞脑回和下顶叶的路径，说明了在正常和受损读者阅读能力可变性中潜在的机制。在神经影像研究中，*KIAA0319*风险等位基因和功能性激活颞上沟的不对称有关，揭示了不同于*FOXP2*相关的左额皮质激活的模式（Pinel等，2012）。

3.4.5 功能性构音障碍

功能性构音障碍（Functional Articulation Disorder）又称为发育性发音障碍（Developmental Articulation/Phonological Disorder），也称作功能性发音障碍、发育性语音不清等。近年来国外文献多倾向于称为Speech Sound Disorder（SSD）。根据日本听语协会的规定，SSD的诊断必须满足以下条件：构音器官的形态无异常、有正常范围的听力、语言发育达到四岁以上水平、构音错误呈固定状态。功能性构音障碍是相对普遍的儿童障碍，会影响发出和正确使用语音的能力，包括发声、一系列语音任务和/或语言的认知表现的缺陷。该障碍因为严重程度、成因、言语错误和语言系统其他方面的参与而表现异质。根据错误类型和潜在的病因，各种亚型被提出，但缺乏一个普遍的分类系统。SSD亚群有运动损伤，而绝大多数病例主要影响的是语音发育。SSD和语言损伤以及阅读残疾在诊断、认知和病原学水平有重叠。在年龄较大阶段，会话性语音正常化，但残留的差异保留，且可以在有 SSD 病史的成人中辨识。在有 SSD 儿童病史的青少年中，言语生成相关过程的参与受到 fMRI 分析的支持，后者查明额下回的右单侧激活不足，说明了支持语音记忆的语音处理回路缺陷（Tkach 等，2011）。同时在颞中回激活不足，可能也预示着言语感知的缺陷。

各种研究也提供了 SSD 家庭的遗传因素。语音记忆和解码以及染色体 3（DYX5）、染色体 1（DYX8）、染色体 6（DYX2）、染色体 15（DYX1）之间的关联已得到鉴定。随后可能要对染色体 15（DYX1）做言语运动控制、发声和语音短期记忆的定量测试（Newbury 等，2010）。在对有运动序列缺陷的 SSD 亚型的全基因组连锁分析中，揭示了一个全新浮现的位点 8q24，同时也鉴定了 6q21 与阅读困难候选基因、快速交替命名功能相关的 DYX2 位点有重叠。7q32 以及与 *CNTNAP2* 相邻的 7q36 也与阅读困难有关（Peter 等，2012）。候选基因 *ELP4* 和 *PAX6* 也被鉴定为促进 SSD 和 Rolandic 癫痫（Pal 等，2010）。在一项评估 *FOXP2* 贡献的研究中鉴定了 T 等位基因优势（ATG 起动密码子的 5’ 端）。多项 SSD 病例中发现了外显子 5 中的三联体缺失（Zhao 等，2010）。

3.5　在复杂综合征中的语言表型相关基因

在复杂综合征中的语言损伤经常发生在严重智力残疾、整体性发育迟缓和影响各种器官的多种病理背景下。目前只有一些综合征中的语言受影响的病例被详细描述过。当更多有关语言受损机制的信息浮现以及临床表型与特异遗传缺陷的关联被确立后，我们将获得对认知和语言能力的决定因素以及它们之间相互作用的深刻理解。

3.5.1　自闭症谱系障碍

自闭症谱系障碍（Autism Spectrum Disorders，ASD）以前多被称为自闭症或孤独症，是一种复杂的神经精神疾病症状，包括社交、心理灵活性缺陷和语言技巧差。最近鉴定 ASD 机制和候选基因的进展支持了包括额叶、前颞叶、尾状核和小脑等脑区参与的观点（Abrahams and Geschwind 等，2010）。模型研究发现异常的突触修剪作为可能机制，很可能是孤独症独特的行为退化的基础，从而推测在孤独症和语言受损之间有共同的基因变异（Thomas 等，2010）。分析前额皮质（绝大多数孤独症病例在此部位神经元数目过量以及皮质增生明显），佐证了在发育中的孤独症前额皮质中，控制细胞数目、皮质成型以及分化通路的调控异常（Chow 等，2012）。成年孤独症前额皮质显示了信号和维持通路的调控异常。

ASD 和 SLI 有高于偶然水平的共发生几率，显示了共同病因的情节（Tomblin，2011）。在共存疾病（ASD + SLI）中的语言损伤可能是 ASD 风险因子的结果，不同于在 SLI 中所见。然而分子遗传学研究确证了 ASD 和 SLI 的共同风险基因型（Bishop，2010）。除了有 FOXP 家族转录因子（包括 *FOXP1*、*FOXP2* 和 *FOXP4* 等位基因）与 ASD 表型相关的证据外，很多其他的候选基因也出现了。在 X 和 Y 染色体上的神经连接蛋白基因以及参与与 NRXN 同样的突触网络的神经连接蛋白，已知它们有共同的影响 SLI 和孤独症风险的 *NRXN* 变异。在家庭关联分析中，血清素报告基因（*SLC64A*）启动子相关的插入或缺失多态性也与 ASD 有关。其中，母系遗传的 *SLC64A* 的一段短等位基因拷贝（缺失多态性，5 - HTTLPR 风险变异）会导致一种更严重的整体语言能力的损伤（Kistner - Griffin 等，2010）。与包含超过 50 个基因的染色体 Xp11. 22 - p11. 23 复制有关的表型谱被报道，其中包含 ASD 和 SLI。在染色体这一区域，一个 WNT 信号通路成员——*TBL1X* 被证实与男性的 ASD 风险有关（Chung 等，2011）。

趋同的证据证明常见的或罕见的 *CNTNAP2* 基因也会给予 ASD 风险或 ASD 相关的症状，如语言迟缓或发育性语言障碍风险。然而，这些等位基因突变给 CNTNAP2 功能带来什么影响尚不清楚。最近位于染色体 7q31 - 36 的两个基因——*WNT2* 和 *EN2*，被认为在 ASD 语言发育中共同作用；异常 WNT 通路激活和树突生长与孤独症风险之间的联系也被证实（Kalkman，2012）。*SHANK* 基因（编码对突触形成和稳定都很重要的蛋白）内部的功能丢失突变也在 ASD 病理中得到鉴定（Uchino and Waga，2013）。

在一个严重的 ID 和语言损伤病例中，在 11q13. 3 的三转座和断点被证明会破坏 *SHANK2* 基因。转座也会导致包括两个突触基因 *CHRNA7* 和 *GPRIN2* 的复制的拷贝数变异。其他两个 ASD 病例中的 *SHANK2* 突变和 *CHRNA7* 的复制的同时发生也说明了这些基因在共同的突触通路中的汇聚（Chillian 等，2013）。

3. 5. 2　癫痫

最近遗传研究鉴定了似乎是癫痫和语言损伤共同的分子通路，为新发癫痫儿童的语言损伤的神经基础提供了见解，癫痫反复性发作会促成认知和行为退化，影响了 27 个基因的染色体 16p11. 2 的重排，通常会导致言语或语言迟缓和高比率的癫痫伴发（Shinawi 等，2010）。分析 16p13. 2 – p13. 3 内一系列与言语迟缓、癫痫和智力残疾有关的重叠性缺失，鉴定了 *GRIN2A* 基因作为该障碍的候选基因（Reulinger 等，2010）。*GRIN2B* 和 *GRIN2A* 编码 N – 甲基 – D – 天冬氨酸盐（NMDA）受体亚基 NR2B 和 NR2A，介导兴奋性神经传递，在有智力迟钝和癫痫的个体中突变。染色体 14q11. 2 – q13. 1 复制表现出包含发育性迟缓、严重言语迟缓和发育性癫痫等在内的 Rett 综合征样表型，含有 *FOXG1*、*C14ORF23* 和 *PRKD1* 基因。其中，在大脑发育中有重要作用的 *FOXG1* 被认为是主要的功能候选基因（Brunetti – Pierri 等，2011）。发育性癫痫病人有新型的 2q23. 1 微缺失综合征，会导致 *MBD5* 基因的单倍剂量不足，表现出天使症候群样特征（智力迟钝、癫痫、小脑畸形和粗糙面部特征），也有重复性行为和最低言语。包含于该位点的临近的 *ECP2* 基因的更大缺失的个体有更广泛的临床表型（Williams 等，2011）。其中，*MBD5* 被证明是智力残疾、癫痫和 ASD 的单一致病基因。MBD5 以及和 Rett 综合征相关的 MEPC2 蛋白是甲基 – CpG – 结合域家族成员，在细胞分裂、生长和分化中有基因调节功能，而 *EPC2* 是多梳蛋白家族成员，参与异染色质形成。

最近报道 *DYRK1A* 基因突变会导致语言缺失或迟缓，同时还有癫痫、头小畸形和智力残疾，这与 DYRK1A 在信号通路中通过神经元扩增和神经形成控制脑生长和大小的功能相一致（Courcet 等，2012）。*CNTNAP2* 的杂

合等位基因变异和 *NRXN1* 基因与发育性语言障碍、智力迟钝、孤独症、精神分裂症和癫痫有关。FOXP2 靶基因——*SRPX2* 的异常表达会导致癫痫和发育性言语失用症。而阅读障碍受 1q42 的影响，在一些人群中受 7q21 位点的影响。

3.5.3 染色体 4p 综合征与高级语言结构性缺陷

染色体 4p 综合征又称为 Wolf-Hirschhorn 综合征（WHS），是由于 4 号染色体短臂末端 p16.3 缺失，所引起的一种较为罕见的染色体病，因此也称为 4p 综合征。该病是一个相邻基因综合征，具有一致而复杂的表型，涉及两个或更多相邻基因座的小片段缺失。该病的主要临床表现是具有特殊面容、生长发育障碍、智力低下、肌张力减退、癫痫、先心病、骨骼畸形等各种异常。新生儿发病率为 1/50 000，男女患者比例 1∶2。对染色体 4p 综合征（包含 4p16.3 带和临近基因区域，有 WHS、Pitt-Rogers-Danks 综合征、临近 4p 缺失综合征和与 4p 相关的复杂染色体重排综合征）患者跨文化定性和定量分析其沟通和表达型语言的临床表现，患者表现出包含异形面部特征、器官缺陷、癫痫和认知损伤等有复杂表型和认知行为图谱的异质性。有 4p 相关疾病的个体表现出整体沟通能力和表达型语言能力受限，不能发育成为有效的言语和语言。相对较小的研究人群被注意到具备有效的表达技能和高级的语言结构，拓宽了 4p 综合征导致的严重受损的表达型语言表型的范围。Wolf-Hirschhorn 综合征候选 1 样 1 基因（*WHSC1L1/MMSET*，编码核染色质组织组蛋白甲基转移酶，也表现出在 DNA 受损反应中的作用）的缺失，被认为是导致该疾病表型的主要原因（Pei，2013）。在 Wolf-Hirschhorn 的关键区域 1 和 2（WHSCR1－2）内，7 个基因（*FAM193A*，*ADD1*，*NOP14*，*GRK4*，*MFSD10*，*SH3BP2*，*TNIP2*）缺失，可能包含能在确定的时空发育框架内影响额外基因表达的调控序列（Hannes 等，2012）。

3.5.4 6p25 与言语和语言障碍

6p25 缺失作为一种临床可辨认综合征，其特征为智力障碍、语言损伤、听力缺陷，尤其还有颅面部和中枢神经系统异常。在目前鉴定的最小的0.9 kb 缺失的异卵双生子中，报道了异形特征和脑改变（包含右前额蛛网膜下腔的集中增长和脑回形态的轻度异常，导致临界轻微的智力障碍、言语和语言困难、行为问题）。在缺失区域的基因中，已知 *LYRM4* 在精神分裂症病人的小脑皮质中下调（Bozza 等，2013）。在包含 *FOXC1* 基因的6p25 缺失的6 个病例中，*FOXC1* 基因的单倍剂量不足被认为是这些病人眼睛和小脑异常的主要促成因素（Delahaye 等，2012）。*FOXC1* 也在一个病人中缺失，和其他基因一起导致畸形和严重语言损伤（Anderlid 等，2003）。FOXC1 也是叉头框转录因子家族成员，在沿着皮质边缘区的皮质中间神经元的切线方向迁移中发挥了关键作用，它是神经元从大脑亚皮质区迁移到大脑皮质区的主要迁移模式（Zarbalis 等，2012）。

3.5.5 Williams 综合征中语言相关候选基因

Williams 综合征（WS）是常染色体显性疾病，特征为心血管疾病、内分泌和生长异常、幼年期不能茁壮成长，特异的面部特征、轻微的智力迟钝以及认知和个性特征。症状还包括注意力缺陷障碍、焦虑及特异言语和语言轮廓。尽管有显著的智力和非言语损伤，病人仍表现出接近正常的表达型语言。由于 WS 个体有强烈的互动欲望，且尽管他们对基本的社交规范理解有限，他们仍然极端爱好社交，因此他们的语言使用可能与过度社交欲望独特相关，且转而与神经肽调节异常的基因网络改变相关（Jarvinen 等，2013）。对 WS 病人语言的详细分析揭示了他们在具体词汇、言语短期记忆和语法能力上的相对优势，处于正常智力水平，然而在关系/概念语言上和语用上表现出相当大的劣势（Mervisand John，2010）。WS 的口头叙述能力也有别于典型的发育中的个体，主要是因为犹豫、重复、停顿等不流畅频率的显著提高，这可能是这些病人语言问题的显著标志。在包含语义和语音流畅度的词汇—语义任务中，WS 病人与对照组没有区别，这反驳了先前认为的他们有特殊语义系统的假说。在对较年轻患者的定义任务中，WS 病人的表现水平和典型发育中的个体相似，然而到较长年龄时，他们对词汇的定义能力落后于期待中的正常水平（Purser 等，2011）。在隐喻语言理解中，WS 病人被发现只能接收不同的、不那么抽象的知识。

WS 个体也表现出对噪音的异常敏感，可能输入敏感度的变化也会改变他们的语言发育（Elsabbagh 等，2011）。该障碍是由于 7q11. 23 位点的连续 25 个基因的缺失，它发生在超过 99% 的 WS 病人身上。在受影响的基因中，有几个功能性候选基因，可能会促成有关的认知和语言特征，具体来说有转录调控因子 *GTF2IRD2* 基因和它的旁系同源物 *GTF2I*，这在运动功能障碍和发声改变的 WS 鼠模型中有所表现。在包含 *GTF2IRD2* 基因的更大缺失病例中，该转录因子在执行性功能上的更高水平的作用（空间功能、社交推理和认知灵活性）得到鉴定。

3. 5. 6 HDR 综合征（10p15. 3）中的言语损伤

染色体 10p 终端缺失与 DiGeorge 综合征表型有关，已知在同样的基因组区域，*GATA3* 转录因子基因的单倍剂量不足会导致甲状旁腺功能减退、神经性耳聋和 HDR 综合征。HDR 病人有中度到严重的感觉神经听力缺失，有言语接收阈移和听力中的言语辨认受到干扰（van Looij 等，2006）。对 4 例病人的遗传和临床分析显示了智力迟钝和言语损伤，2 例病人表现除孤独症行为的异常特征。结合这 6 例病例以及过去报道的有相似 10p 缺失的病例以及分子和细胞形成的图谱数据表明 10p14 – 15 的部分缺失代表了一种比先前认为的更为严重的表型，包含严重智力迟钝、语言损伤和孤独症行为。而 10p14 内的 4. 3Mb 缺失和孤独症相关，与言语损伤有关的更为关键的区域定义在 10p15. 3 内的 1. 6Mb 区域内（Lindstrand 等，2012）。在包含 10p15. 3 的亚显微缺失的 19 个无亲缘关系的病例中，临床表现除言语迟缓和语言障碍外，也表现出认知、行为和发育障碍、运动迟缓、颅面和脑异常以及癫痫。在 10p15. 3 内，鲜为人知的 *ZMYND11* 和 *DIP2C* 基因为最常见的缺失，它们的单倍剂量不足可能促成临床特征（DeScipio，2012）。

3. 5. 7 与言语发育迟缓有关的 10q22 – q23 缺失和复制

10q22 – q23 内的重排会导致言语发育迟缓、畸形巨头、面部畸形和小脑异常，有着广泛的表型谱系。该区域内的易位缺失会导致言语和语言迟缓。在受影响的基因中，鉴定了三个语言功能相关基因，它们是参与细胞增生、迁移和存活的信号神经调节蛋白3（*NRG3*）、发育调控因子——骨形态生成蛋白1（*BMPR1*）和在突触可塑性中发挥关键作用的谷氨酸受体delta1（*GRID1*）（Van Bon 等，2010）。连锁分析也暗示10q22 - q23在某些而不是全部的人群中作为精神分裂症易感位点。在精神分裂症病人中的关联分析也表明 *NRG3* 可能调控感知敏感度的早期注意过程（Morar 等，2011）。

3.5.8　12p12.1 在语言迟缓以及 12p13.31 - q14.3 在缺陷型听觉时程分辨中

编码转录调控因子，在胚胎发育和神经系统发育的细胞命运决定中发挥剂量敏感性作用的 *SOX5* 基因（12p12.1）的单倍剂量不足会导致显著的言语迟缓、智力障碍、异形特征和异常行为（Lamb 等，2012）。在一个语言损伤的三代家族的研究中，一个听觉处理的位点（主要功能性缺陷）被定位在12p13.31 - q14.3上（Addis 等，2010）。患病的家庭成员表现为交流损伤，在非单词重复任务中表现不良，在事件相关的脑潜能测试的音节持续性脑激发模式中表现出迟的分辨消极性。结合听觉时程分辨缺陷的心理声学数据，结果表明分辨不同时长音节的处理要求增长，可能形成患病成员语言损伤的认知基础。后续全基因组连锁分析鉴定了有几处能达到最大可能的对数差异比值（LOD值）的候选基因的单体型，和语言损伤完全两相分离，与常染色体显性、完全渗透性遗传模式相一致（Addis 等，2010）。

3.5.9　Prader - Willi/Angelman 综合征：与 15q11.2 有关的语言迟缓

15q11.2 区域内的微缺失或微复制根据父母来源会导致 Prader - Willi 或 Angelman 综合征。缺失两侧是临近的 BP1/BP2 断点和远端的 BP3 断点。在 Prader - Willi 和 Angelman 病人中的更大的缺失（BP1 - BP3）会导致更加严重的表型。在 BP1 - BP2 区域内有四个进化保守的基因是没有印迹的：痉挛性截瘫相关基因（*NIPA1*）、镁运输基因（*NIPA2*）、编码在突触小体复合体中与 FMRP 相互作用蛋白的 *CYFIP1* 以及细胞支架微管蛋白复合体成员 *TUBGCP5*。四个基因的改变，不同程度地影响行为和神经系统功能，表现出与言语和运动迟缓、癫痫、行为问题和孤独症的相关性。对 BP1 - BP2 缺失或复制的大型群组病人的研究中，绝大多数表现出行为或神经学问题，特别是在缺失和复制病人中同时观察到普遍的言语迟缓。缺失病人比复制病人更频繁地表现出智力障碍，后者整体表现出更轻微的表型（Burnside 等，2011）。在旨在确定 Angelman 病人的严重语言发育迟缓的基础的研究中，观察到白质整合的损伤（Peters 等，2011）。白质改变在整个脑中出现，只有那些在颞叶白质通路中的改变才与缺陷性语言和认知有关。此外，在连接颞叶语言理解区和大脑额叶的言语生成区的左右弓状束中发生的形态改变与语言和认知功能相关。其中一些改变是由于 *UBE3A* 基因的缺失导致了轴突导向的发育性缺陷，该基因是很强的功能性候选基因（Wilson 等，2011）。UBE3A 蛋白在海马、小脑和皮质神经元中表达，与泛素蛋白体有关，通过退化，在轴突蛋白分子水平调控中发挥作用，因此会促成神经束的正确形成。

3.5.10 17p11.2：Potocki - Lupski 综合征

Potocki - Lupski 综合征是 17p11.2 内低拷贝重复序列微复制的结果。除了言语能力减弱和严重的表达型语言损伤外，Potocki - Lupski 综合征病人还患有认知缺陷、外观异常、肌张力减退、喂养困难和发育性迟缓以及包含孤独症谱系障碍、焦虑和粗心在内的行为异常（Ercan-Sencicek 等，2012）。长久以来已知与微缺失和微复制有关的综合征会表现出特异的神经行为特征。然而只有少数剂量敏感的基因会受到这些重排的影响。Smith - Magenis 综合征的特征是交互微缺失，而在 Potocki - Lupski 综合征中，微复制发生在 17p11.2 内。在这个区域内的剂量敏感基因（推理是有 18 个基因的 1.3 Mb 区域）被鉴定为视黄酸诱导 1 基因（*RAI1*）。最近在一例轻微智力障碍和语言发育迟缓的病例中，发现最短的微复制（0.25 Mb）包含 *RAI1*（Lee 等，2013）。RAI1 蛋白有转录因子活性，在神经元中高表达，可能在调控神经功能和分化方面发挥作用，参与神经行为表型（Carmona Mora 等，2012）。

3.5.11 22q11.2 缺失综合征

有 22q11.2 半合子微缺失的病人表现出除了表型异常谱系外，还有言语迟缓或缺失，在智力、记忆和听力上有广泛的变化。在没有智力障碍的个体中也注意到视觉—空间能力和视觉对象的长期和短期记忆上的缺失。在对 22q11.2 综合征病人的词汇理解测试后发现，测试组比对照组在接受型任务上得分显著偏低，然而在表达任务得分上没有区别。测试组在接受型和表达型形态句法学上得分显著偏低，但保留了语音流畅能力（Vicari 等，2011）。在成年人中，高发的言语和听力问题被证明是其中部分表型。22q11.2 综合征是连续性缺失（3 Mb），影响了超过 40 个基因，其中包括与大脑发育不全有关的 *SNAP29*。在一个 22q11.2 的 0.8Mb 的微复制的运动迟缓和语言损伤的病例中，有包括 *CRKL*，*ZNF74*，*PIK4CA*，*SNAP29*，*PCQAP* 在内的 14 个基因受影响（Pebrel－Richard 等，2012）。

3.5.12 与 22q13.3 缺失相关的语言发育迟缓

22q13.3 染色体缺失综合征（Phelan－Macdermid 综合征）是由于 22 号染色体臂远端缺失的连续性基因障碍，会导致显著的语言发育迟缓、智力迟钝、肌张力减退和孤独症特征（Phelan and McDermid，2012）。*SHANK3* 基因的单倍剂量不足被证明是在这一缺失综合征中的神经学症状的主要原因。在一个大群组的日本听力病人研究中显示了 22q13.3 综合征特征，鉴定了包括 SH3 域的 6 个氨基酸缺失、PDZ 蛋白域的错义变异以及一系列的 *SHANK3* 基因改变（Uchıno and Waga，2013）。SHANK3 是一个多域支架蛋白，在兴奋性突触中富集，在发育脑中的突触形成、成熟和维持中发挥重要作用。

3.5.13 Noonan 综合征中的语言损伤

Noonan 综合征（NS）是一种罕见的基因改变，被诊断的患儿有正常的智力，但是少数 NS 病人有智力残疾。在对患有 Noonan 综合征的高加索女孩的病例研究中，发现除了有各种系统性问题外，还有轻微的智力迟缓和语言障碍（Ierardo 等，2010）。在一项更综合性的研究中，发现患者有频繁的语言损伤，也有阅读和拼写困难的高风险。语言能力和非口语认知、听力能力、发音、运动灵活性以及语音记忆有显著相关性。研究结果共同表明语言能力的变化与认知、感知和运动因素有关，而并非因为在此综合征中语言的特异部分选择性地受了影响（Pierpont 等，2010）。Noonan 综合征的大多数病例被认为是 3 个基因（*PTPN11*、*SOS1* 或 *RAF1*）之一的突变。*PTPN11* 基因（12q24.1）突变负责约 50%，*SOS1* 基因（2p22 - p21）突变负责 10% ~15%，*RAF1* 基因（3p25）突变负责 5% ~10%。此外，约 2% 的 NS 病人在 *KRAS* 基因（12p12.1）有突变，通常有这种障碍的更严重的或非典型的形式。Noonan 综合征也和 *BRAF*（7q34）、*NRAS*（1p13.2）或 *MAP2K1*（15q21）基因突变有关，这些基因是编码细胞分化、迁移、发育中的中央信号途径的组件。这些信号组件的突变变体有整体上增加的活性，这种功能获得可能导致调控系统的破坏（Tartaglia 等，2010）。然而，仍然没有确定致病通路以解释表型之间的差别。

3.5.14 Rett 综合征：*MECP2* 和语言退化

Rett 综合征是一种神经发育障碍，主要影响女性，在儿童早期（最初 6 ~18 个月）表现出遵循明显正常的心理运动发育。Rett 综合征的关键特征包括发育停滞、步态异常、目的性手动缺失、孤独症特征、高频率的癫痫和表达型语言的退行或缺失（Neul 等，2010）。通常鉴定的大多数相对轻微的 Rett 综合征的非典型形态是退行后的语言恢复。恢复的语言并非完全正常，很多病人有持续言语和代词反用情况。在保留了一些言语和语言能力的 Rett 病例中，分析早期言语语言发育揭示了有着间歇性正常和异常言语特征的早发性异常言语和语言功能，包括两种类别的发声（正常语序的发声和非典型性的吸入性的、压迫性的或高音的发声）、限制性的语音和词汇复杂性以及受限的创作可变性（Maricic 等，2012）。

虽然有着严重智力迟钝和言语—语言功能缺失的 Rett 综合征的先天性变异被认为和 *FOXG1* 基因变异相关，但是绝大多数病例（超过 90% 的典型性 Rett 综合征和 50% ~70% 的非典型性病例）其 X 染色体上的 *MECP2* 序列都有突变（Guerrini and Parrini，2012）。约 5% 的 Rett 综合征病例没有 *MECP2* 突变，MECP2 蛋白的功能性改变，也再没有表现出 Rett 综合征症状，但在表现出其他神经发育疾病症状的个体中发现（Neul 等，2010）。MECP2 的减少表达导致了与 Rett 综合征重叠的表型，这也在与转录因子 MEF2C（5q14.3）相关的障碍中被报道过，且归因于共同的通路（Zweier and Rauch，2012）。*MECP2* 复制主要影响男性，导致了独特的神经发育特征。这些特征包括 X 相关的智力迟钝、中度到严重的智力障碍、孤独症特征、寿命缩短、获得性最高水平的语言机能的部分或完全缺失（Ramochi 等，2009）。发育性退行时间分析发现了语言机能退行（17 例病例中有 8 例）和其他退行（17 例病例中有 7 例），其他技能的退行恰好与癫痫发作和比 Rett 综合征或 ASD 更晚发生的孤独症症状中的技能缺失相吻合。Rett 综合征中的皮层感觉处理的损伤，正如在 ASD 中有显著的 MECP2 降低，被认为会促成更高级别的表型缺陷，且反映在听力诱发性电位以及包含在孤独症中的与语言和发育迟缓有关的皮质来源组件潜能性增加的其他领域。虽然认为先天性 ASD 与 Rett 综合征有相似机制的观点有争议，但在 Rett 综合征（MECP2 杂合性缺陷）的小鼠模型中，发现 ASD 有特异性潜能差异，说明了 Rett 综合征和 ASD 有共同的皮质病理机制（Liao 等，2012）。

MECP2 包含一个甲基 - CpG 结合域（MBD），是核蛋白家族的一部分。MECP2 能通过甲基化基因启动子抑制转录，在它多样的病原性功能中，也影响发育脑的末端神经元分化。MECP2 水平受到 miRNA 和与 MECP2 相互作用的协同抑制因子复合体（包括 HDAC4 和 TBL1X）的调控。异常的 MECP2 功能可能在早期神经元分化和突触成熟的关键阶段对突触信号的神经元基因表达失调，导致异常的脑发育。最近发现，Rett 综合征中与 MECP2 相关的神经学缺陷被认为源于自身稳定可塑性的破坏。更多的小鼠模型研究确证了突触成熟和维持以及 MECP2 缺陷的多个脑系统中的回路异常，且得出某些缺陷来源于包括 PI3K/Akt 在内的信号通路的改变的结论。也有证据证明 MECP 在发育性新皮质可塑性中的作用。

MECP2 的功能和语言技能和/或退行的机制联系还有待确证。

3.5.15 脆性 X 综合征的语言图景

脆性 X 综合征（FXS）是最常见的遗传性智力残疾，是和有明确语言损伤的孤独症相关的最常见的单基因障碍。这一综合征是由于脆性 X 智力迟钝基因（*FMR1*）的 5'UTR 部分 CGG 重复（超过 200 个重复）所致，从而导致 FMR1 的缺陷或缺失。FMR1 是 RNA 结合蛋白，调控对突触发育重要的基因翻译（Wang 等，2012）。对 FMR1 除了在树突成熟和轴突生长方面有明确的影响外，在 X 前突变等位基因携带者中，发现在海马区和额区之间连接性降低，可能会影响回忆和功能性记忆。许多 FMR1 调控基因的突变形式也和 ASD 相关，这可能解释了 FXS 和 ASD 之间为什么有很高的合并症比率。已知有缺陷的 FMR1 蛋白功能会导致包括代谢型谷氨酸受体 1/5（mGlu1/5）和 GABA 通路在内的神经递质的失调。虽然个体差异显著，但大多数 FXS 患者显示了在所有语言和文字区域的弱势。表达型、接受型和语用语言能力及文字技能与年纪较轻的发育正常的个体相似，即使有些区域的损伤超出了发育水平的预期，如重复的高发率。有或无孤独症谱系障碍的 FXS 男孩在动词和名词的形态句法学的测试中比起相同心理年龄的典型发育中的男孩来说得分要低。在 FXS 中的部分形态句法损伤似乎是因为认知、环境和言语的因素。然而单从在动词和名词区域的语言外因素差别来看，FXS 病人比起预期表现得更差（Estigarribia 等，2012）。在 *FMR1* 位点的遗传变异也和语用有关，在孤独症和 FXS 病人中的心智理论也说明了社会和语言表型与这些表型图景的遗传基础的重叠。

3.5.16 Klinefelter 综合征和 XXX、XYY 染色体三倍体症

Klinefelter 综合征源于 X 染色体额外拷贝的存在（47，XXY）。Klinefelter 语言和交流问题与 SLI 的表现以及 ASD 的特征有密切相似性。XYY 染色体三倍体症也有类似的语言和交流问题。发生在 X 和 Y 染色体上的神经连接蛋白基因编码神经连接蛋白，它和轴突蛋白一样参与同样的突触网络，有共同的会影响 SLI 和孤独病风险的 NRXN 等位基因变体。在

Klinefelter 综合征中，神经连接蛋白的剂量增加（3 倍）预测会有有害的影响，特别是在与有疾病风险的轴突蛋白基因变体协同作用时（Bishop and Scerif，2011）。此外，*PCDH11X* 和 *PCDH11Y* 基因拷贝数增加的潜在影响——缺乏活性，会导致显著的言语迟缓和单词使用受限，可能会促成 Klinefelter 综合征病人的语言表型（Speevak and Farrell，2011）。发育的脑对性腺来源的类固醇的组织效应（包括神经发生过程、转移、树突生长和突触成型）高度敏感，对行为表型及言语和语言区域的损伤有显著影响，这与该综合征的雄性激素产生减少的特征相一致（McCarthy，2013）。

3.6 本章小结与讨论

之前对包括受损的言语和语言表型在内的遗传性障碍的分析，揭示了复杂谱系的临床症状。很明显与很多这些表型相关的已知基因和染色体位点在功能上是多样的，表 1 将对这些表型和基因型特征进行总结。从这些数据中可以观察到很多方面，这里选择了以下方面进行详细讨论。

3.6.1 调控网络与语言能力

重组过程的重要性、调控网络的优势以及在脑发育过程中参与语言能力调控决定因素的关键作用，在最近对发育中的大脑皮层的基因网络研究中进一步得到支持。这些网络包括快速进化的非编码区序列，它们蕴含人类特异性改变，可能在转录因子结合位点的指令系统中出现了分歧。在整个过程中 FOXP2 靶点的富集证实了 FOXP2 在语言发育中关键的组织功能。*FOXP2* 位点的多态性研究鉴定了其潜在调控元素内的单倍型，进一步支持了这一机制。其中有 1 例就是 *FOXP2* 的 8 号内含子的人类特异性替代，它影响了转录因子 POU3F2 的结合位点，可能改变了 *FOXP2* 的表达。脑中表达的人类特异基因研究证实了最新进化的基因更可能在早期脑发育中表达，而且是在新进化的脑区域内，如新皮质。确实，人类脑特异的转录网络被证明以差异表达在人类大脑额叶的基因为主，在大脑额叶内其转录复杂性显著升高。与神经元过程有关的基因共表达印迹鉴定了神经元多态过程的富集以及与 *FOXP2* 共表达的基因。在新皮质中，注意到参与神经元过程形成和结构，从而奠定神经元功能活性和可塑性的基因的连接性增加，进一步支持了新型的表型来源于重组过程而不是单个的基因功能。

大脑调控和结构重组的语言相关性影响反映在人类发声的控制中。其他哺乳动物缺乏这种联系。最近的研究确证了人类新皮质的运动区域与参与喉部控制的脑干运动神经元有直接联系。

3.6.2 与语言发育有关的转录调控模式

在语言相关基因中，有一个显著的转录调控网络，决定了神经元功能，影响着运动皮质、纹状体、小脑和回路成型，以及导致更高认知的广泛的下游影响。叉头框家族（FOXP2，FOXP1，FOXPG1，FOXC1）和其靶点 CNTNAP2 和 SRPX2 在该网络中发挥中心作用。DYX1C1 也凸显了神经元迁移的转录调控的关键作用，这也进一步受到 KIAA0319 功能的支持。细胞命运和分化的转录调控也显著促成认知和语言功能，如 MBD5、GTF21RD2 和 GTF21、GATA3、SOX5、WNT2 和 EN2、RAI1 所显示的。

3.6.3 神经发育和语言中的信号通路

与语言功能相关的调控信号机制包括细胞扩增、生存或凋亡相关的 DYRK1A 和 NRG3，在细胞多样性中的 PCDH11X/Y，在细胞分化中的 PT-PN11/SOS1/RAF1 信号通路、BRAF/NRAS/MAP2K1 信号和神经元成熟中的 G 蛋白偶和信号。这些机制中异常的信号有广泛而严重的神经发育后果（头小畸形、癫痫、精神分裂症、大脑不对称、Noonan 综合征），也包括语言缺失、严重的语言迟缓、语义性痴呆、单词使用受限或阅读困难等智力障碍。雌性激素信号，包括雌性激素生物合成元素（CYP19A1）、雌激素受体信号调控者（DYX1C1），都和阅读困难中更狭义的表型相关（词汇、语音处理、口头运动技能、阅读和拼写等受影响）。

3.6.4 语言结构元素的遗传视角

对参与语言功能的主要脑结构的遗传学数据的理解突出了以下几点重

要性：皮质—基底神经节回路的神经可塑性、运动皮层、纹状体和小脑的发育过程（FOXP2）、额皮质中的脑回形态和白质容量、中心参与的胼胝体（FOXG1），神经元正确迁移到大脑皮层（FOXC1）、在额皮质中服务于更高认知的回路模式（CNTNAP2），在左颞腔中的白质容量，颞中回和下顶叶间的连接通路（DYX1C1，DCDC2，KIAA0319）；脑性别分化（CYP19A1）、大脑不对称二态性和符号处理能力必需的偏侧优势（PC-DH11X，Y）、主要神经束的中线横越（ROBO1）、连接颞叶的语言理解区和额叶的言语发生区的白质束（NIPA1，NIPA2，CYF1P1，TUBGCP5）、影响回忆和工作记忆的额和海马区的连接性（FMR1）。

有缺陷的 FMR1 介导的参与突触发育从而导致神经递质系统失调、语言迟缓、表达性形态句法受影响和脆性 X 综合征中的智力迟钝的基因调控，强调了突触网络对认知功能和语言发育与能力的重要贡献。突触组织者（NRXN1，NRX2，NLD2）无法结合其突触后伴侣从而导致兴奋性突触分化的损伤、严重的语言迟缓、SLI 和 ASD 中的认知受影响。血清素（SLC64A）的异常运输和循环与孤独症中的整体语言水平受损有关。兴奋性神经传递缺陷（GRIN2A，B）参与记忆和学习能力受损以及癫痫中的语言迟缓。谷氨酸受体通道介导的快速兴奋性突触传导和突触可塑性（GRID1）参与精神分裂症中的语言迟缓，以及在 22q13.3 综合征中神经递质受体和信号（SHANK3）之间缺乏适当联系导致的语言迟缓。

3.6.5 多因子决定因素与重叠的言语和语言表型

证据表明语言机能的神经元结构体系是由遗传决定因素形成的，这同时体现于异常的语言障碍及句法和语义处理能力的正常变化中。然而，这些基因中没有语言所独有的基因。例如 FOXP2，它的功能由许多下游靶基因决定，其中很多作用于中枢神经系统之外，与语言并无关系，如在各种上皮细胞中表达，或参与 N－神经钙黏蛋白介导的神经上皮组织和祖细胞修复。FOXP1 在细胞生长和分化中也有普遍的功能，它的异常表达会促成淋巴瘤、肝细胞癌和乳腺癌，而 *CNTNAP2* 参与剥脱性青光眼。此外，复杂调控过程的参与、多个分子机制和各种参与语言能力的结构性和功能性元素并不支持过去所认为的一个或一组语言特异基因的存在。同样，也没有明显的遗传学分析支持语言相关基因被分为专有参与语言损伤的基因和/或参与普遍认知损伤、影响或不影响语言功能的基因。

共同神经发育和言语语言障碍易感性的潜在神经机制包括各种基因中的等位基因或拷贝数的变异以及环境因素。如 CAS、SLI 和阅读障碍，多种介质的缺陷汇聚成一种独特的表型（多种等位基因，一种临床场景）。相反，风险基因位点会跨越诊断边界给予风险。一个基因可能有多效性，例如上游调控因子（*FOXP2*、*CNTNAP2*、*FOXP1*）、参与神经元转移的基因（*KIAA0319*）或参与汇聚突触通路的基因（*NRXN1*、*SHANK2*、*CHRNA7*），可能影响多种特征（单个基因—多种表型场景）。这些基因的等位变异在各种神经发育障碍之间延伸，影响认知、行为和语言特征，也会促成正常人群的变化。仔细观察这些整体表型、临床特征或内在表型，加上更加精细的遗传分析，可能揭示这些疾病的机制。然而单基因突变在这些复杂遗传障碍中是不可能的。

在言语和语言障碍中有大量包括诊断、认知和病因在内的表型重叠。例如 SSD 与阅读障碍有最大的病因重叠，SSD、SLI 和阅读障碍在诊断、认知和病因上也有重叠，这三种障碍在正常和损伤间缺乏鲜明的界限，符合连续易患性—阈值模型，对障碍有连续的多因素（遗传和/或环境）易患性分布。

3.6.6 语言和认知：受损的发育通路

有些遗传性神经发育障碍被认为总体的认知能力是完好的，只有语言受影响（如 SLI）或选择性功能模块受损，而其他功能（如语言）似乎正常（如 Williams 综合征）。这种解释通常被视为语言模块保留或认知发育的非典型性限制的证据。然而进一步观察，这些障碍既没有在特定的功能区域有缺陷，也表现出广泛的表型改变。在 SLI 中，通常认为单个功能受影响，此外脑功能正常，有着完好的认知。儿童被证明有较低的 IQ 表现，有整体增加的辐射状白质，这影响了他们大脑两半球之间、皮质和皮质之间的联系，以及语言联合皮质的不对称。此外，多个基因的独立贡献以及多个基因位点和多种病理机制的参与（有些和阅读障碍相互重叠），也不支持 SLI 单个模块受影响的解释。发育模型支持更高层次的复杂性，在 SLI 病人中，在整体脑功能中的低水平的缺陷也会影响在关键发育阶段的语言，而且，当语言从多种能力中浮现时（注意分配、言语模式察觉、语音和音素分辨、言语处理速度），这些特征中低层次的缺陷可能会促成 SLI 语言表型。

Williams 综合征在某些认知元素中有选择性缺陷，但相对保留的面孔识别和语言，也被认为是语言系统功能完好而模块受损的证据，也是认知发育非典型性限制因素的证据。在 Williams 综合征中，缺乏保留的语言模块以及特异性空间语言缺陷，反映了非言语空间认知的缺陷，然而支持了非典型性早期语言获得。Williams 语言图景也和两个转录调控因子（*GTF2IRD1* 和 *GTF2I*）有关，*GTF2IRD2* 在执行性功能中有更高水平的作用。此外广泛的发育研究揭示了在 Williams 的关键区域中缺失的 28 个基因中，22 个脑表达基因的功能缺陷深刻地影响了脑发育，导致了非典型性的脑生化反应，有受抑制的能量代谢和突触活性，异常的神经元密度和分层、脑容量和形态，以及区域性和功能性连接。因此在 Williams 综合征中的语言表型特征，也不标志着选择性备用域，而是作为区别于正常发育个体的神经和认知过程的产物出现。比较 Williams 和脆性 X 综合征（*FMR1*）的认知发育轨迹和适应性行为，进一步支持了这些遗传障碍中特异的基因—脑—行为通路。在神经发育综合征中，语言发生的年龄和获得步调与正常显著相区别。在考虑遗传定时的中心性以及认知网络特征时，这些发育的时机破坏被认为不仅仅是迟缓，而且是异常的发育时程，造成有害表型影响的指示。

可能有人会提出，在完好的和受损的功能元素密切互动的非典型性发育中，不同的脑结构和认知功能可能会出现，从而有可能生成系统不同的语言。最近研究开始触及这种假说，在针对同样抽象原则的句法和语义现象（范围、c－命令、狄摩根律的理解）测试中，显示测试组和对照组在语言知识的本质上是一样的。从语言学的角度，Williams 综合征中的语言发育来自于功能性语言能力或模块的未受损的工作。从生物学角度看，缺乏不同的语言体系并不排除语言的非典型性发育途径，在这些病人中确实有多种缺陷，且证明了语言获得过程的动态和强劲的本质。

3.6.7 基因网络和语言机能

基因功能的本质和对人类语言机能的影响程度是语言学理论假设的关键部分。其中最有影响力的理论之一就是认为内在语言机能与基因功能有强有力的联系，且受到由基因功能形成的神经回路的决定性影响。单基因事件（通常解释为单突变场景）改变了人脑的内部结构，从而被认为能够创造负责语言发育的抽象的认知机制。然而单基因改变不可能导致语言能力的发育，语言相关调控网络会显著增加额叶的转录复杂度，以及新大脑皮层的连接性增加，因为基因决定神经元活性和可塑性，这支持了认知和语言机能的新型表型来源于相对较少的初始基因事件导致的重组过程。

语言学理论假设认知功能具有模块组织构造，语言构成了自身模块。对模块性的早期观点主要基于成人脑结构的功能性特征的理解，认为正常脑有特定的模块，非典型脑是完好模块和受损模块的组合。“从生物语言学的视角来看，语言在本质上是一个身体器官，多少等同于视觉、消化或免疫系统。它是复杂有机体的一个亚构件，有足够的内部整合能力，因此把它与有机体的其他系统抽离出来研究是有意义的。既然这样，它是一个认知器官，如规划、解释、思考和其他可以大致归类于‘精神’的世界的其他方面一样，或者‘大脑的器质性结构’”，这是 18 世纪科学家和哲学家Joseph Priestley 所提及的文字。而对基因功能改变影响脑发育的遗传性综合征的发育研究从一开始就挑战了之前的遗传决定的、独立发挥作用的、之间鲜有联系的认知或语言模块的观点。对遗传性言语和语言障碍以及语言受影响的综合征的研究，揭示了动态的发育过程以及基因、细胞机制、脑结构、认知的多向性相互作用。因此，生物学的观点并不支持语言的模块概念模型。然而这一证据并不排除从语言学的立场假设这种虚拟的功能模块，或最近定义为有特质的认知机能、实体或能力，语言学和生物学角度存在概念上的区别。

表 1　与遗传性言语和语言障碍有关的基因（引自 Szalontai and Csiszar, 2013）

基因符号 和染色体位点	正常或异常的 CNS 结构 和功能相关性	相关的语言和认知特征
FOXP2（7q31）	运动皮质、纹状体、小脑和口面部肌肉的发育	言语运动障碍或儿童言语失用症（CAS）：感觉指导下的发声模式的听力运动学习；言语声音的发出和排序；表达型和接受型语言能力；轻微的 CI、ASD
FOXP1（3p13）	神经发育通路调控	言语和语言发育迟钝、认知表型、对表达型语言的特异性作用、ID、有限的表达性词汇、言语运动障碍、ASD
FOXG1（14q12）	简单的脑回形态，额叶、胼胝体、白质容量减少，额叶发育不良	语言缺失、MR、语言能力受损、Rett 综合征中的语言迟缓、Rett 综合征样的表型
FOXC1（6p25）	眼前房和小脑异常，皮质神经元迁移到大脑皮层	严重的言语和语言缺陷、听力缺陷、6p25 缺失综合征、ID
NRXN1 NRX2（2p16.3）	兴奋性突触分化、突触发育和神经元之间有效的信号传递	严重的语言迟缓、认知受影响、ASD、SLI、严重的 ID
CNTNAP2（7q35）	服务于更高认知和语言的回路成型中发挥作用，左下额皮质的激发模式，结构知识的获得有效性	早期语言获得和表达型，接受型能力中的表现，SLI 中非单词重复能力，口吃，ASD 中的发育性语言迟缓，句子处理，句法处理，在各种神经发育失调和正常人群中变异之间延伸的等位基因效应，严重的 ID
CYP19A1（15q21.2）	脑的性别分化	语言和言语的定量测试、阅读、词汇、语音处理、口头运动技巧、阅读困难易感性等
CMIP（16q23）	C－Maf 诱发蛋白	语音短期记忆、非文字重复能力、SLI、阅读困难、正常能力范围内的阅读技巧、听阈、ADS 和发育性迟缓

（续上表）

基因符号和染色体位点	正常或异常的 CNS 结构和功能相关性	相关的语言和认知特征
ATP2C2（16q24.1）	钙运输 ATP 酶	语音短期记忆、非文字重复能力、SLI
PCDHIIX（Xp21.3） *PCDHIIX*（Yp）	大脑对称和偏侧优势	符号处理能力、与严重语言迟缓有关的损伤、单词适用受限、Klinefelter 综合征相关语言表型
GNTPAB GNTG NAGPA（12q23.3）	细胞代谢、溶酶体酶靶向通路	口吃中声音的重复、延伸或中断
ROBO1（3p12）	轴突导向、主要神经束的中线横越	阅读困难
DYX1C1（15q21.3）	神经迁移、左颞顶区域的白质容量	阅读困难中的阅读能力发育缺陷
DCDC2（6p21.3）	和左颞顶区域的白质容量相关	阅读困难中的阅读和记忆损伤、与阅读困难相关
DGK（7q33） *KIAA0319*（6p22.3）	和左颞顶区域的白质容量相关，颞上沟功能性激活的对称	正常能力范围的阅读技巧、发育性语言和阅读障碍，ID
SLC64A（17q11）5 - *HTTLPR* 风险变体	5 - 羟色胺转运体	ASD、与更受损的总体语言水平相关的母系遗传拷贝，ID
WNT2，*EN2*（7q31 - 36）	异常的 WNT 激活和 ASD 中的树突生长	在 ASD 中同时影响语言发育
GRIN2A（16p13.2 - p13.3）	兴奋性神经传递	在癫痫、记忆和学习中的语言迟缓，ID
MBD5（2q23.1）	转录调控因子	最低限度的言语、癫痫、重复性行为、ID、发育性癫痫、ASD
EPC2（2q23.1）	异染色质形成	语言受影响的发育性癫痫、ID
DYRK1A（21q22）	脑生长、发育和大小	学习受损、语言迟缓或缺失、ID、癫痫

（续上表）

基因符号和染色体位点	正常或异常的 CNS 结构和功能相关性	相关的语言和认知特征
SRPX2（Xq21.33–23）	脑中言语和语言中心的发育	癫痫和发育性言语运动障碍、MR
GTF2IRD1 GTF2I（7q11.23）	转录调控因子	Williams 综合征特异性认知和语言图景，在关联性/概念性语言和语用中的劣势、犹豫、重复、暂停、词汇—语义知识的减少和比喻性语言理解
GATA3（10p15）	细胞分化的转录调控因子	感觉神经性听力损失，言语接受阈的转移、言语辨识的干扰、HDR 综合征的语言受损和孤独症行为
NRG3, *BMPR1 GRID1*（10q22–23）		言语和语言发育迟缓
SOX5（12p12）	神经系统的发育	显著的言语迟缓、ID、受损的非单词重复能力和交流能力，包含其他 12p12 基因缺失的缺陷性听力持续辨识力
NIPA1 NIPA2 CYFIP1 TUBGCP5（15q11.2）	连接颞叶语言理解区域和额叶言语产生区域的白质束的缺陷	严重的言语和动作迟缓、在 Prader–Willi/Angelman 综合征中的言语缺失、ID
UBE3A（15q11.2）	调控轴突导向和适当的神经束形成	严重的言语和动作迟钝以及 Angelman 综合征中 ID 的功能性候选基因
RAI1（17p11.2）	神经元分化	有神经行为表型的 Potocki-Lupski 综合征中显著的表达性语言损伤
SHANK3（22q13.3）	发育性脑中突触的形成和功能	显著的语言发育迟缓、22q13.3（Phelan–McDermid）综合征中的 MR
PTPN11（12q24） *SOS1*（2p21） *RAF1*（3p25）		与非言语认知、听力能力、发音清晰度、运动灵敏度、语音记忆相关的语言能力变化，Noonan 综合征中的语言迟缓、ID

（续上表）

基因符号和染色体位点	正常或异常的 CNS 结构和功能相关性	相关的语言和认知特征
BRAF（7q34） *NRAS*（1p13.2） *MAP2K1*（15q21）	导致中央信号通路扰乱的功能获得	与 Noonan 综合征相关的语言迟缓
MECP2（Xq28）	应对神经元分化、突触成熟和多种脑回路、新皮质中内恒性可塑性等的基因表达调控	Rett 综合征和典型的与某些非典型病例中相关的语言退行，包括两种发声、有限的语音和词汇复杂性、限制性组合可变性的间歇性正常和非正常言语特征的早发型异常言语语言功能，Rett 综合征和 ASD 中的皮质感觉处理受损
FMR1（15q11－13）	在影响回忆和功能性记忆的额和海马区域之间联系的缺陷	所有语言和读写区域的弱化、重复的高发、词素句法的缺陷、与 ASD 相关

注：CI：认知损伤；ID：智力残疾；MR：精神迟钝

4 语言、文化与基因

语言是人类物种的天赋特征，是人类智能和精神属性的中心构件。从20世纪60年代起至今，多位语言学家和生物学家提到语言和基因的关系。如Lenneberg的著作《语言的生物学基础》确定了语言基因的存在以及语言受遗传基因控制的观点（程工，1999）。Chomsky认为人的语言能力是靠遗传获得的，是由基因决定的，需要找到全新的方法来研究语言能力的生物遗传属性（塞得里克·鲍克斯，2011）。Pinker提出了“语言本能”的观点，认为人类语言是大脑中一个独立的认知模块，普遍语法存在于人类的语法基因中并具有遗传性（李芝，2010）。Jenkins认为内在语言组成语言知识，儿童语言习得通过语言的基因程序完成（袁晓红，2008）。而王士元（2011）认为语言研究和基因研究存在诸多联系，如都为自然信息系统，都试图了解从基因到神经回路再到语言的发展过程。进入21世纪，随着人类基因组计划的完成，个人基因组的时代到来，分子遗传学手段被广泛运用于脑功能和疾病的研究，其中包含脑的高级功能——语言，为揭示语言和基因的关系提供了实证理据。本章以“语言、文化与基因”为线索，对前述章节进行总结，也作为本书的高度概括。

4.1 语言功能与基因

虽然儿童具有天生的语言学习能力，但是有相当比例的儿童患有原因不明的语言相关缺陷，如智障、脑瘫、孤独症和听力损伤等。从病理学的角度研究语言，观察患有语言疾患的儿童，有助于认识儿童语言系统的内部结构，逆向寻找到语言功能相关基因。因此语言的生物机制研究往往从语言交流障碍患者中获得不可多得的真实数据。发育性言语和语言障碍是发生率很高的儿童神经系统疾病。正如机械师从排除机器故障着手探寻机器性能知识的过程一样，对在正常言语活动中不容易被揭示的言语能力特征，有时在言语和语言障碍中却容易被发现。由于患者语言处理机制的某些环节出现异常，他们对语言处理的速度明显减慢，并呈现出许多典型的症状，从而为研究语言处理的过程以及语言与大脑之间的关系提供了许多机会。目前行为遗传学研究已发现影响言语和语言障碍的染色体、基因座位，甚至相关基因。

FOXP2 是在调查一个患有言语失用症的大家族（KE 家族）后鉴定的第一个言语和语言障碍相关基因。该家族的 24 名成员中，约半数无法自主控制唇舌的协调，从而在组织词汇、运用语法等方面表现出一定的困难，我们将这种严重的语言理解和表达缺陷称为发育性言语失用症（Wassink，2002）。KE 家族的言语和语言障碍具有的遗传模式显示该疾病可能是由于单基因突变引起的（Vargha – Khadem，1995）。Fisher 等（1998）通过全基因组连锁分析（Genome – wide Linkage Analysis，GWLA），将该基因初步定位于 7q31 处。Lai 等（2001）通过基因精确定位发现所有 KE 家族患者的 *FOXP2* 基因都有突变，而未患病家庭成员没有。另一位患有类似言语障碍的非 KE 家族儿童，他的染色体重排导致了 *FOXP2* 基因的断裂，使 *FOXP2* 基因和言语失用症的相关性得到支持。KE 家族携带 *FOXP2* 基因的杂合性错义突变，改变了 FOXP2 蛋白的 DNA 结合区域。另有研究表明 *FOXP2* 基因的另一处杂合性无义突变也与言语和语言障碍有关，这种无义突变严重地截短了蛋白，剪除了必需的功能模序，包括蛋白质相互作用区、DNA 结合区和可能的核定位信号（MacDermot，2005）。

目前关于 *FOXP2* 基因在言语失用症中的真正作用有待明晰，但可以确定的是该基因对于负责精细动作控制的大脑区域（运动皮层、纹状体、小脑）的发育非常重要。它的断裂对于言语发育有着极其严重的后果（Newbury 等，2010）。作为转录因子，FOXP2 调控 300 至 400 个神经系统基因，其中许多在功能上被认为是言语和语言障碍的候选基因。*FOXP2* 基因可能通过这些靶基因影响大脑中的语言功能区域和神经网络，另外，一些受影响的基因与咽喉部位的软组织发育有关，从而影响与语言功能有关的器官的发育（赵云静，2009）。例如受 FOXP2 调控的基因包含一个 7 号染色体上的 *CNTNAP2* 基因。该基因的选择性变异（包含常见变异和罕见断裂或突变）也参与一系列的神经发育障碍，如自闭症、精神分裂症、癫痫、注意力缺陷多动障碍和学习障碍等（Elia，2010）。*CNTNAP2* 基因编码轴突蛋白 CASPR2，主要以细胞黏附分子和受体的形式在脊椎动物的神经系统中发挥功能。大脑表达研究发现在涉及高级皮层功能，譬如语言功能时，CASPR2 蛋白在神经元环路中富集（杨曹骅，2010）。MRI 研究表明携带两个拷贝的 *CNTNAP2* 变异基因的自闭症病人，多个脑区域（如前额叶、梭状脑回、额枕皮质、小脑）的灰白质明显减少，这些均认为和自闭症状显著相关，同时也佐证了 *CNTNAP2* 基因的遗传突变在孤独症核心症状之一的语言发育障碍方面可能起到主导作用（Tan，2010）。

然而单基因突变导致的语言遗传疾病非常罕见，通常言语和语言障碍疾病都是多基因遗传疾病。遗传性状的形成，不仅取决于两个以上微效基因的累加作用，同时还受环境因子的影响，因此相关基因的鉴定非常困难。然而随着复杂表型鉴定技术、基因分型技术以及统计方法的不断进步，该研究仍取得了丰硕的成果。如功能性构音障碍（Speech Sound Disorder，SSD）研究预示着它可能与发展性阅读障碍有某些相同的遗传机制，因此发展性阅读障碍的候选基因也成为研究 SSD 的重要候选基因。如 3p12.3 的 *ROBO1* 基因。*ROBO1* 基因是与脑发育有关的轴突导向受体基因，该基因与语音缓冲缺陷（phonological buffer deficits）相关。再如 15q21.3 位的候选基因 *EKN1*。该基因是阅读障碍、阅读的各种成分过程以及与阅读有关的能力的易感基因（赵云静，2009）。而特异性语言障碍（Specific Language Impairment，SLI）的研究鉴定出了 16 号染色体上的两个候选基因——*ATP2C2* 和 *CMIP*。*ATP2C2* 编码钙离子 ATP 酶，负责细胞钙离子和镁离子的运输。钙离子是重要的胞间信使，参与许多包括短期记忆的神经过程。镁离子在高浓度时对神经细胞有致毒性，镁离子缺失与自闭症相关（Carl，1986）。CMIP 蛋白是细胞骨架的适配蛋白，在大脑中有大量表达。细胞骨架重建在突触形成和神经迁移中起关键作用。CMIP 蛋白和 Filamin

相互作用，后者的突变与神经元移行障碍的脑室周围灰质异位有关（Grimbert，2003）。口吃研究发现溶酶体通路（GNPTAB、GNPTA 和 NAGPA）可能是言语和语言障碍发生的另一条候选途径（Newbury 等，2009）。

4.2 语言起源与进化研究的基因线索

20 世纪 80 年代以来，认知科学的发展以及一些自然科学研究成果的出现，让一些语言学家和语言哲学家重新拾起了关于语言起源等问题的兴趣。人类语言的起源和进化是生物语言学研究的五个基本问题之一。目前进化心理学家和语言学家已经对语言是一种自然发生体系达成了共识，然而对语言的起源和进化的理论框架仍存在分歧。Aaron 等（2006）列举了目前 4 种代表性的理论框架：

（1）突变论（Macro－mutation）：认为促使语言产生的神经结构突然改变，从而造成了人类语言与动物交流之间无法逾越的鸿沟。语言是进化的偶然事件，它的发生可能是因为突变导致了大的神经隆起，此事件堪比宇宙起源的“大爆炸”理论。突变可能为一次性的大突变或长期沉寂的小突变的累积爆发；

（2）渐变论（Microevolutionary）：认为几千万年来在自然选择的压力下产生了无数微小的基因变异，从而造成了表型的逐渐改变，这一过程包含随机突变、适应、选择、遗传传递；

（3）新表型发生学说（Neophenogenesis）：认为语言是基因和基因组以外的体系（包括社会文化环境）相互作用的产物，社会需求和文化因素可能在内在语言能力的表达以及推进语言进化到一个空前复杂的体系水平方面起了决定性作用；

（4）功能变异理论（Exaptation）：认为基因组内有无数潜在的遗传基因，只有具有环境适应优势的基因才被选择性表达。行使初始功能的基因可能被征用行使其他功能，如控制动作手势的神经基因也可以控制语言产生。

总结起来关于人类语言起源争论的焦点在于：语言能力是否为人类独具；人类语言能力是突变还是渐变的；人类语言能力是自然选择的结果还是其他能力进化的副产品（代天善，2007）。

目前比较基因组学通过比较人类、黑猩猩、其他非人灵长类以及非灵长类动物之间的主要生物学差异，为揭示人类语言进化的生物学机制提供线索。研究发现FOXP2在人类身上与黑猩猩、大猩猩和恒河猴等灵长类动物之间有两个氨基酸的差别，鼠类的FOXP2与这些灵长类动物之间只有一个氨基酸不同，人类的FOXP2蛋白质则有三个位置的氨基酸与小鼠不同（俞建梁，2011）。Enard认为这两个氨基酸的替换改善了人脑的皮质—基底核回路，提高了口面运动和大脑网络之间的协调性，从而触发语言的进化，对人类的说话起着关键的作用（俞建梁，2011）。

关于语言进化的基因研究，Fisher等人（2006）认为：正如鸟类的翅膀不像其他脊椎动物的四肢，然而在基本的结构特征上具有继承性和延续性，*FOXP2*对于人类语言功能的作用也是伴随动物进化过程逐渐发展完善起来的。其主要证据有：

（1）人类、啮齿类动物、鸟类、爬行类和鱼类等种属各异的脊椎动物中，*FOXP2*基因在皮质区（非哺乳动物的大脑皮层）、纹状体、丘脑和小脑等相应脑区的调控表达都表现出高度的保守性。似乎很可能*FOXP2*的原始模式在哺乳类、鸟类、爬行类和鱼类的共同祖先中具有基本的神经发育功能，可能主要影响参与处理感觉信息、感觉运动整合和技能性协调运动控制的神经回路。

（2）至少三种鸣禽（鹦鹉、蜂鸟和鸣鸟）和三种哺乳动物（人类、鲸类和蝙蝠）除了具有先天特有的呼叫能力外，还可以通过模拟获得新的发声方式。这种罕见的发声学习特征，即模拟和修饰声音的能力，包含学习把单个声音单元排列成新的组合，被认为是口语的行为基础。在鸟类和哺乳类动物中，不同的发声学习物种在系统发生学上是和非发声学习物种分开的，这说明发声学习可能是独立进化的特征。

（3）能习鸣的鸟类与人类具有参与此特征的同源的脑结构，如鸣禽的鸣唱系统中，*VMP*通路与人类皮层—脑干运动通路同源，*AFP*通路与人类皮层—基底神经节—丘脑—皮层回路同源。*AFP* 中的 X 区是鸣曲学习所必需的特殊区域，它与哺乳动物脑中的基底神经节在进化上同源。所有鸟类在感觉—运动神经回路中都表达 FOXP2。然而在鸣禽的鸣唱系统中 FOXP2 的表达水平呈现出种属差异性，这可能与鸣啭可塑性差异有关。斑胸草雀的幼鸟习鸣时，FOXP2 在 X 区会瞬时迅速增加，而在成年金丝雀中，FOXP2 水平在鸣唱可塑性最强时的夏末（此时许多新的音节加入到它们的季节性变化鸣唱中），在 X 区的表达达到最高峰。虽然没有证据证明不同的鸟类世系中 FOXP2 蛋白编码区受到了正向选择，然而已有研究表明在鸣唱系统的进化中 FOXP2 的调控发生了显著的改变。

关于 *FOXP2* 是中心参与语言功能（目前看来似乎合理）还是次级外化过程的一部分，Chomsky（2011）有一段论述：过去几年对鸟类和小鼠的研究表明了一个"共识"，该转录因子基因并非内在语法（语言的狭义功能）蓝图的一部分，几乎不可能是假设的"语言基因"（正如没有单独的眼睛颜色基因或自闭症基因），而是和外化有关的调控机制的一部分。FOXP2 辅助连续性精细动作控制、口面部的发育或者逐字记录下一个声音或一个手势的能力。值得注意的是 KE 家族成员表现出特别普遍的动作协调能力丧失，不仅仅定位于口面部运动。最近把能够重复 KE 家族成员缺陷的突变 *FOXP2* 基因插入到小鼠中证实了这一观点：*FOXP2* – R552H 杂合小鼠在学习快速运动机能时表现出显著的缺陷。这些数据与"人类语言能力征用了参与运动学习的进化古老的神经回路"的观点是一致的。如果这一观点是正确的话，*FOXP2* 的功能更类似于辅助功能完好的电脑输入输出系统的构建，比如打印机，而不是辅助电脑中央处理器的构建。从这一观点看，KE 家族患病成员中出现的问题是外化系统（类似于打印机）出错了，而并非中央语言机能自身。如果是这样的话，那么进化分析认为的这一转录因子可能在大约 10 万年前经历了正向选择，且和语言机能的核心构件——语法［对应于语义（概念—意识）接口］的进化有关的观点是不确定的。很难确定因果顺序：*FOXP2* 和高级别的连续性运动协调的联系可以视为外化的机会主义先决条件基础，不论其形式，这在进化情形下是很常见的，或是在合并出现后有效外化解决方法的选择压力的结果。在以上任何情形下，*FOXP2* 都是非核心句法/语义系统中的一部分。最近关于发声的连续协调有来自 Michael Coen 的进一步证据：离散化的连续运动控制可能对所有哺乳动物，或许也是所有脊椎动物都是很常见的机制。如果是这样的话，所有 *FOXP2* 的故事和普遍的运动外化，将进一步从核心句法/语义进化的画面中移出。这一证据来源于所有被测试的哺乳动物（人，狗、猫、海狮、鲸、狒狒、绢毛猴、小鼠）和不相关的脊椎动物（乌鸦、雀类、青蛙等），它们都具有过去被认为是人类独有的外化系统：这些不同物种的发声指令系统都来自有限组独特的音素（或更准确地说，鸟类中的鸣唱音素、犬吠音素等）。Coen 的假说是，每一物种都有一些有限数目的发音，比如说音素，在遗传上受到生理学限制，符合发声过程中如能量最小化的原则，物理限制等。这类似于 Steven 描述的有关言语产生的量子化性质。从这一观点来看，任何指定的物种都使用一套物种特定的原始的语音来产生对此物种来说常见的发声（不能期待每一个动物使用所有的语音，正如没有人能使用所有的音素）。如果是那样，那么我们可以得出结论：即使在外围外化的水平，只有一种人类语言，一种狗语言，一种青蛙语言等等。总结起来，*FOXP2* 不能回答关于人类语言的核心机能的问题，因为它的确与核心机能表型（合并和句法）无关。这不像镰刀形细胞贫血症，它的遗传缺陷直接导致异常的性状，形成异常的血红蛋白，导致红细胞变形。但可以肯定的是，*FOXP2* 依然是语言系统可能需要的构件，正如打印机是计算机系统的一部分一样。如果所有这一切都是真的，那么对核心语言表型的解释将比 Richard Lewontin 所描绘的更加间接且困难。事实上，在很多方面，这种对 *FOXP2* 和失语症的关注很类似于几乎普遍地把语言当作交流方式的关注。

虽然目前关于语言的进化分子遗传学研究大多集中于 *FOXP2* 基因，然而语言的进化不仅仅依赖于单个 *FOXP2* 基因的历史改变，人们已发现更多与语言遗传相关的认知和运动技能的基因，如 Spiteri 等通过染色质免疫沉淀和微点阵分析（ChIP - chip）在胎儿脑组织基底神经节和额皮质下层发现 285 个 *FOXP2* 的靶基因，并在体外证实 *FOXP2* 基因的调控作用（赵云静，2009）。其中很多靶基因对于中枢神经系统发育，如神经轴突的生长起到关键性作用，这些靶基因的进化研究将为人类语言的起源与进化提供更多的线索。

4.3 基因组进化与文化

4.3.1 生物进化、基因组进化与文化进化的概念

生物进化是指生物个体和种群的遗传组成和与之相关联的表型特征的世代改变，文化进化是指人类社会的文化系统随时间而变更的过程（张昀，1998）。基因组承载着生物体全部的遗传信息。随着人类和其他一系列物种全基因组序列的测定，人们发现不同生物的基因组大小及组成结构上存在巨大的差异。即使分化时间很短的近缘物种间，甚至物种内各亚种间，基因组的 DNA 序列、基因种类数量也不尽相同。这些现象说明在生物从共同原始祖先逐渐分化为现有各物种的进化过程中，都要伴随着基因组大小、基因数目及 DNA 序列的不断变化，即基因组进化。

在生物系统的进化中，自然选择是主要的进化动因，自然选择也有导向作用，使生物朝着适应生存环境的方向改变。在文化系统的进化中，人的知识积累、发明和创造活动不断提高生产力水平，生产的发展是文化进化的主要动因。人类生物学进化的结果是生物改变自身结构、机能和习性使之适应生存环境，人类文化进化的结果是改变自然环境使之适合人类自身的需要。两种进化过程都使人类更加适应环境。

4.3.2 文化进化与基因组进化关系的几种观点

19 世纪的古典进化论和 20 世纪的新进化论，主要运用生物进化论的观点解释人类社会及文化，旨在强调遗传基因是一切有机体行为的最终依据，带有很强的生物决定论色彩。“人类的基因影响着人类精神的形成方式、接受哪些刺激、忽略哪些刺激、如何处理信息、最容易唤起的回忆种、最易于激起的情绪反应，诸如此类的精神活动方式。造成这种效应的那些过程，称之为预成规则。这些规则植根于人类生物学的特殊性

之中，并且影响着文化的形成之路。”（史少博，2009）直至今日，上述观点仍然十分普遍，关于人类进化的许多大同小异的报道认为生物学改变先于文化改变，认为20万年前现代人类的出现需要且遵循一种由一个或多个基因变异引发的生物学改变，例如Klein（2002）认为人类文化的曙光来源于单个基因改变从而“形成独特的适应广泛的自然和社会环境的现代能力”。

此外，Wilson（1983）提出了“基因—文化协进化”（Gene - culture Coevolution）的概念，用以表达生物学进化与文化进化之间的相互关系：人类的遗传蓝图（基因）通过个体发育过程决定神经系统的构造与功能，神经系统又制约或影响个体的学习和认识过程以及行为特征。而个体组成的社会创造出一定的文化，在这个文化背景下，通过自然选择作用又影响人类种群的基因组成的改变。这就构成了一个循环式的“基因—文化协进化”（图1）。

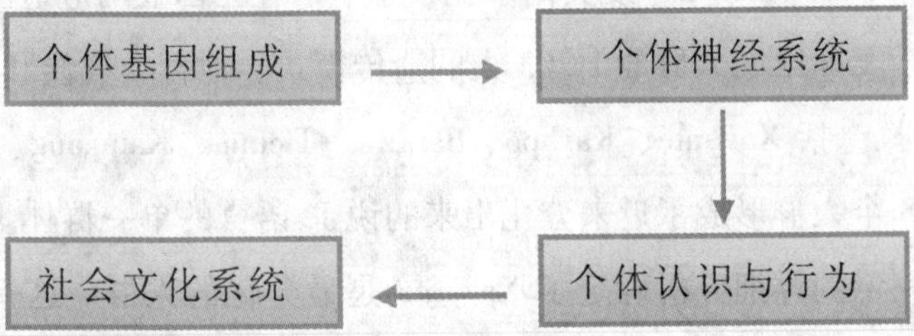

图1 基因—文化进化图解（引自E. O. Wilson，1983）

Valender（2008）描述了人类大脑的大小、回路和生理如何导致了先进的认知，从而导致了包含从语言和工具使用到科学和艺术方方面面的行为指令系统的转化。他们假设因为具有复杂的认知，人类才有独特的文化进化，而非相反。Somel等人（2013）在最近一篇文章中采纳了相似的观点，强调了人类进化中基因表达和代谢变化的重要性。他们认为少数的变异（发育调控因子的结构或表达的改变）驱动了人类认知特征的出现，从而引发了约20万年前的文化爆发。

然而我们基因组内的进化变化是文化创新的原因还是结果呢？最近

Fisher 等人（2013）认为“该领域这一流行的逻辑可能本末倒置”，他们提出了“文化驱动的基因组改变”的观点。

4.3.3 文化驱动的基因组改变

随着人类文明的发展，人类的生物学进化受到越来越大的影响、限制和干预。2005 年美籍华裔科学家蓝田领导的研究小组发现，人类大脑中有一组“人性基因”正在以超乎寻常的速度进化，这组基因的进化与人所处的社会的文明活动有关。科学家推测，这组“新基因”的出现可能与农耕、语言、文字等人类文明活动的出现有关，这表明人类基因进化正随着社会文明的不断发展而推进，两者之间存在一种因果关系。Tábita Hünemeier（2012）在 *PNAS* 上发表《文化多样化促进 Xavánte 印第安人的快速表型进化》一文，提出社会结构和文化行为的改变可能潜在地促进等位基因频率的非寻常组合，从而在人类进化中驱动基因型和表型新型特征的进化。Tábita Hünemeier 及其同事比较了生活在巴西亚马逊地区和中央高原的 6 个南美印第安人群的 1 203 人的遗传模式、地理、气候和身体特性，这 6 个人群包括 Xavánte、Kayapó、Baniwa、Ticuna、Kaingang、Yanomama 人群。后 3 个人群形成了近来分化出来的说 Jê 语言的单一群体。对各个人群的头部测量的详细分析确定了 Xavánte 是最分化的人群。这一人群比其他人群有更大的头部、更高更窄的脸，以及更宽的鼻子。这些分析显示这些分歧与气候差异或者 Xavánte 人群与其他 5 个人群的地理分离无关，但是可能反映了文化调控的隔离以及性选择的组合。这些文化行为与语言隔离共同作用可以促进更快的进化变化。

2013 年 5 月 Fisher 在 *Science* 上发表文章，认为“任何发现的与‘人类革命’相巧合的基因变异必须小心区分原因和结果。被认为是我们基因组中重大变化的有时可能是文化创新的结果。它们可能是文化驱动的基因进化的产物”。并且给出例子：“乳糖分解酵素耐受性突变不会引发乳品业，而它们因为对乳制品消费的进化应对而传播。欧洲人群相比于亚洲人群有更高的酒精耐受性并非推动而是发生在欧洲更大的酒精消费之后。”虽然这些例子大多数取材于新石器时代革命和农业的发明之后，但文化驱动的基因进化可能在人类史的较早时期进行，可能成为理解人类起源的关键（图2）。Wangham（2009）认为火和烹饪的发明改变了人类肠的容量，曾提出“基因改变取决于先前的文化革新”的假说。

在文化驱动的观点下，许多促进言语活动的关键的基因组改变或许在言语出现后的祖先中蔓延。即：之前的行为改变为人类物种提供了宽松的环境，从而功能相关的基因组改变累积，导致语言能力增强的基因改变的选择优势在已经使用语言的人群中可能最大。

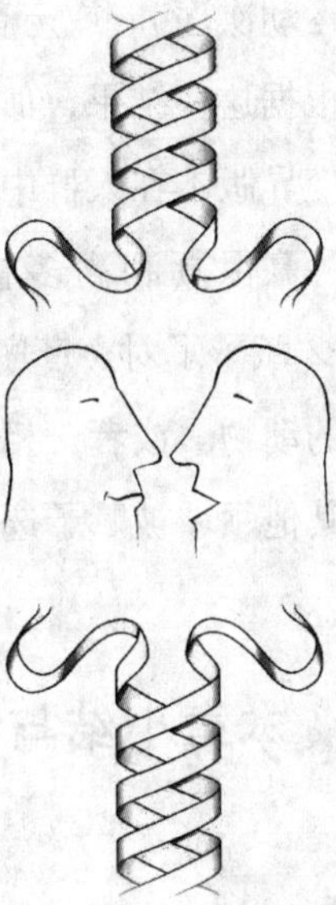

图2　文化与基因关系密切

（引自 Fisher，2013**）**

以 *FOXP2* 为例，二十年前发现的罕见的 *FOXP2* 变异参与了一种不寻常的遗传性疾病，患病人群嘴唇运动的协调性次序出现了困难，从而影响了言语的流畅，伴随着表达和理解语言的困难。对其他灵长类动物的 FOXP2 版本测序发现，在人类世系与黑猩猩分离后，该基因的蛋白质编码区出现了两处进化改变。也有新近的达尔文选择作用于该位点的证据。这些发现催生了 *FOXP2* 的改变引发了现代人类行为创新爆发的猜测。进一步研究认为，FOXP2 蛋白质的改变早于几百万年前尼安德特人和现代人的分离。最近，研究者已经确定了在尼安德特人分离后，*FOXP2* 位点内含子编码区的改变可能会影响基因的调控。

考虑到 *FOXP2* 在人类进化中的作用，对其进化史进行研究非常重要。动物研究表明，该基因在神经回路的成型和神经可塑性方面有保守的功能，其中包括参与整合动作行为和感觉信息。该基因和小鼠中的动作技巧的获得以及鸣禽中听觉指导的声音指令系统的学习有关。*FOXP2* 对人类言语的贡献可能建立在这些始祖功能上。事实上，来自小鼠模型的进一步数据表明，FOXP2 蛋白的人源化可能改变了它所在的一些神经回路的性质，或与运动次序和/或声音学习密切相关。

根据这些结果，似乎 *FOXP2* 不可能引发非言语祖先言语的出现。该基因的变异版本在人群中蔓延，它们在人群中出现可能是因为该物种已在使用一种高保真和高多样性的交流系统，这样解释可能更为可行。例如 *FOXP2* 赋予了对声音序列的更精细的控制，这样最大程度地有益于已经能言语的动物。或者，相关的基因改变可能与言语的出现并无关联，只是可能在其他领域被赋予选择性优势。

4.4 本章小结与讨论

现代语言研究不再是一个封闭的自给自足系统，它从多学科汲取学术营养，以深化自身研究，从而呈现多元化和科学化的态势。语言的分子遗传学研究从微观层次探索语言的物质实现、大脑定位、生物进化等问题，同时引发了人们对基因、语言和人脑关系的思考。

4.4.1 语言、文化、基因和脑

上述研究结果表明常见的言语和语言障碍是复杂的多基因遗传疾病，基因表达往往是环境或行为激发的结果，不同的基因之间以及它们与环境之间都以高度复杂的方式交互作用，这些累加和交互作用影响大脑发育，从而决定着语言能力和言语行为的倾向性（如图 3A）。因此，把极端复杂的人类语言简化到受制于某一基因上，并求取建立两者之间的因果关系（如图 3B）的想法不切实际。

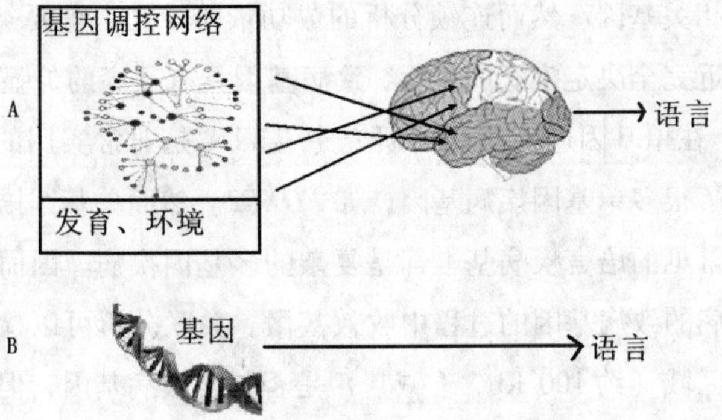

图3

A：基因和语言的关系非常复杂，包括基因调控网络与环境对大脑发育和功能的影响，进而影响到语言。

B：某一基因和语言存在直接关系。

目前研究成果揭示了语言与基因之间千丝万缕的联系。然而语言和基因的关系是复杂且多层面的，需结合大脑宏观和中间环节的研究。宏观层次指的是在整体、行为水平对脑与语言关系的阐述，如通过对脑选择性损伤来了解控制语言理解和语言表达的脑区，或者通过 ERP 和 fMRI 等无创伤性研究技术实时动态地观测语言的神经加工机制。中间环节包括突触、微环路、树突、神经元、局部回路等方面的研究。若单从分子和基因的微观水平去了解个体语言能力和言语行为，中间隔着诸多层次，显然十分困难。

FOXP2 不是唯一一个与人类革命有关的基因，然而它阐述了当进化变异被证明对人类累积的文化至关重要时，它可能是一个结果而非文化改变的原因。人类物种最细微的新的习惯，若具有优势的话，可能导致使该习惯加强的基因组改变，它可能是文化交流、创新性、技术上的精湛或同理心的提升。认识到文化驱动的基因进化在现代人类起源中的作用会强烈地提醒我们，科学中很容易混淆因果。

4.4.2　技术局限性

过去科学家通过 GWLA 和候选基因关联分析寻找到了如上所述的言语

和语言障碍相关基因。然而连锁分析的成功依赖于几个重要条件：遗传因素完全或接近完全决定疾病的发生，致病基因具有很高的外显率等（唐劲松，2010）。在单基因遗传疾病的研究中 GWLA 是非常实用的方法，而且成功地鉴定了很多单基因疾病基因，如 *FOXP2*。然而单基因语言疾病相对比较罕见，常见的语言疾病基本都是复杂的多基因疾病。因而连锁分析在寻找复杂疾病的致病基因的过程中收效甚微。关联分析可以检测一个比较短的基因组区域（约 100 Kb，千碱基）是否包含致病基因，但研究的基因非常有限（唐劲松，2010）。近几年来人类基因组测序计划和人类基因组单体型图（HapMap）计划的完成为全基因组关联分析（Genome-wide Association Study，GWAS）提供了条件（韩建文，2011）。依赖 GWAS 技术有望检测出更多的语言疾病相关基因。然而目前基于 HapMap 设计的 GWAS 的研究对象主要是 *SNPs*，对 *SNPs* 以外的其他变异（如拷贝数变异、基因表达、表观遗传修饰）检出效能非常微弱（权晟，2011），容易造成遗传遗失（missing heredity），需要采取深度分析策略，发现更多的言语和语言障碍易感基因。

4.4.3 动物模型选择

对遗传学研究结果的分析解释远非易事，在基因组研究中到处都充满了假象，非常容易得出错误的结论。前述言语和语言障碍相关基因均参与不同的生物学途径，在不同发育过程和疾病中发挥作用。因此需要对上述基因进一步进行功能上的鉴定，如采取在细胞或动物模型中进行基因操作（如基因敲除或过表达等方法），以梳理出这些基因对语言的确切功能。关于语言基因研究动物模型的选择，除了来源有限的黑猩猩外，在啮齿类动物和鸣禽以及其他发声学习者身上也可以开展分子、解剖、发育和行为等多水平的研究（Fisher 等，2006）。同时以鉴定的语言相关基因为研究对象，进行进化分析，从不同水平探索种间—种内的相似性及差异性，以及人类语言功能的进化限制因素，阐述语言起源、进化机制以及进化历程。

由于与其他物种的发声交流方式存在巨大差异，人类语言一直以来总是被视为一种孤立的现象来进行研究。图书馆有大量讨论有关人类语言的文献以及各种关于语言进化的版本，与之形成鲜明对比的是，很少有人关注蜜蜂交流系统的进化（Chomsky，2007）。语言学家着眼于人类语言的发声学、形态学以及语义、语用等语言原则领域的研究，很少涉及其他物种的发声生物学和心理学。神经科学家只关注人类语言的神经机制，专注于研究大脑皮层负责处理语言的两个区域（Broca 区和 Wernicke 区）。这些努力对认清语言的本质，探测句子产生或理解时大脑中发生的电生理活动是非常有效的。然而没有哪一种表型是脱离进化历程的。如有充分的分子生物学和发育生物学证据证明：脊椎动物的四肢是由鱼类的鳍循序渐进演化而来，而且由 Hox 基因群掌控整个过程（Nicolas，2003）。越来越多的遗传学研究证明，现代人类非凡的语言功能同样也不是一项突然出现的创举。目前已经清楚的是人类语言的出现一定经历了漫长的灵长类动物祖先形态上的量变和质变，如脑容量的改变、神经关联强度的改变、新的神经通路的产生、声音感觉机制的形态学改变；而形成这些改变的分子机制有：基因型改变、基因表达时空改变和基因表达量的改变（Fisher 等，2006）。基因表达产物为调控因子、信号分子、受体、酶等，它们之间形成高度复杂的作用网络，且受环境调节，从而构建和维系大脑功能，包括大脑的高级功能——语言。因此基因和语言的关系是间接而复杂的。

生物语言学研究语言功能的生物学机制，已成为语言研究的另一种范式和视角，充满生命力。而关于语言起源的问题，由于古人类学、考古学、分子生物学等不同专业学者所依赖的证据不同，没有定论，呈现出百家争鸣的局面。

参考文献

[1] 安国利. 发育生物学. 北京：科学出版社，2010.

[2] 白云静，郑希耕，葛小佳等. 行为遗传学：从宏观到微观的生命研究. 心理科学进展，2005，13（3）：305－312.

[3] 昝飞，马红英. 言语和语言病理学. 上海：华东师范大学出版社，2005.

[4] 迪恩·海墨. 近二百年行为遗传学的回顾. 文史哲，2006（3）：14－15.

[5] 恩格斯. 自然辩证法. 北京：人民出版社，1972.

[6] 樊启昶，白书农. 发育生物学原理. 北京：高等教育出版社，2002.

[7] 金淑清. *HOX* 基因的研究进展. 癌症进展，2011（9）：154－158.

[8] 金星明. 儿童言语语言障碍的临床治疗进展. 中国儿童保健杂志，2002（5）：328.

[9] 姜泗长，顾瑞. 言语语言疾病学. 北京：科学出版社，2005.

[10] 刘润清. 西方语言学流派. 北京：外语教学与研究出版社，2002.

[11] 诺姆·乔姆斯基. 乔姆斯基语言学文集. 宁春岩译. 长沙：湖南教育出版社，2006.

[12] 史少博. 论人类基因文化协同进化. 山东师范大学学报（人文社会科学版），2009（5）：56.

[13] 汪洁，屈亚萍. 言语失用症与音位性错语的产生机制及鉴别诊断. 中国康复医学杂志，2006，8（6）：743.

[14] 王士元. 语言与基因. http://comonca.org.cn/Abs/2011/019.htm, 2011.

[15] 卫志强. 当代跨学科语言学. 北京：北京语言学院出版社, 1992.

[16] 乌日琴, 徐永立, 张培军. *Pax*-6 基因在发育中的表达与动物眼的进化. 动物学杂志, 2002, 37 (1): 86-89.

[17] 俞建梁. 国外 *FOXP*2 基因及语言相关性研究二十年. 现代外语, 2011, 34 (3): 310-315.

[18] 张昀. 生物进化. 北京：北京大学出版社, 1998.

[19] 张红卫. 发育生物学. 北京：科学出版社, 2006.

[20] 赵云静. *FOXP*2 基因与功能性构音障碍的相关性及突变研究. 中国医科大学博士学位论文, 2009.

[21] 钟辉. 翼手目回声定位相关功能基因的进化以及若干蝙蝠生殖研究. 湖南农业大学博士学位论文, 2008.

[22] 周统权. 语言的生物机制. 中国外语, 2010, 7 (2): 42.

[23] 左彭湘, 吴汉荣, 李增春. 儿童发展性阅读障碍遗传基因的相关研究. 中国儿童保健杂志, 2011, 19 (3): 236-239.

[24] Abrahams B. S., Geschwind D. H. Connecting genes to brain in the autism spectrum disorders. *Arch Neurol*, 2010, 67 (4): 395-399.

[25] Addis L., Friederici A. D., Kotz S. A., et al. A locus for an auditory processing deficit and language impairment in an extended pedigree maps to 12p13.31-q14.3. *Genes Brain Behav*, 2010, 9 (4): 545-561.

[26] Alan Turing. *Morphogenesis*. Amsterdam: North-Holland, 1992.

[27] Allou L., Lambert L., Amsallem D., et al. 14q12 and severe Rett-like phenotypes: new clinical insights and physical mapping of FOXG1-regulatory elements. *Eur J Hum Genet*, 2012, 20 (12): 1216-1223.

[28] Anderlid B. M., Schoumans J., Hallqvist A., et al. Cryptic subtelomeric 6p deletion in a girl with congenital malformations and severe language impairment. *Eur J Hum Genet*, 2003, 11 (1): 89-92.

［29］ Anna M. D. S. , Cedric Boeckx. Introduction：Contours of biolinguistic research agenda. ［C］ //Anna, M. D. S, Cedric Boeckx. *The Biolinguistic Enterprise – New Perspectives on the Evolution and Nature of the Human Language Faculty*. Oxford：Oxford University press, 2011.

［30］ Anthoni H. , Sucheston L. E. , Lewis B. A. , et al. The aromatase gene CYP19A1：several genetic and functional lines of evidence supporting a role in reading, speech and language. *Behav Genet*, 2012, 42 (4)：509 – 527.

［31］ Bates T. C. , Lind P. A. , Luciano M. Dyslexia and DYX1C1：deficits in reading and spelling associated with a missense mutation. *Mol Psychiatry*, 2010, 15 (12)：1190 – 1196.

［32］ Berwick C. , Chomsky N. The Biolinguistic Program：The Current Sate of its Development. ［C］ //Anna, M. D. S, Cedric Boeckx. *The Biolinguistic Enterprise – New Perspectives on the Evolution and Nature of the Human Language Faculty*. Oxford：Oxford University press, 2011.

［33］ Bishop D. V. Overlaps between autism and language impairment：phenomimicry or shared etiology?. *Behav Genet*, 2010, 40：618 – 629.

［34］ Bishop D. V. , Scerif G. Klinefelter syndrome as a window on the aetiology of language and communication impairments in children：the neuroligin – neurexin hypothesis. *Acta Paediatr*, 2011, 100：903 – 907.

［35］ Blackman M. P. , Djukic B. , Nelson S. B. , et al. A critical and cell – autonomous role for MeCP2 in synaptic scaling up. *J Neurosci*. 2012, 32：13529 – 13536.

［36］ Boeckx C. Biolinguistics：A Brief guide for the perplexed. 语言科学, 2011, 10 (5)：449.

［37］ Bohn K. M. , Schmidt – French B. , Schwartz C. , et al. Versatility and stereotypy of free – tailed bat songs. *PLoS One*, 2009, 4.

［38］ Bozza M. , Bernardini L. , Novelli A. , et al. A 6p25 Interstitial deletion in two dizygotic twins with gyral pattern anomaly and speech and language disorder. *Eur J Paediatr Neurol*, 2013, 17：225 – 231.

[39] Brunetti – Pierri N. , Paciorkowski A. R. , Ciccone R. Duplications of FOXG1 in 14q12 are associated with developmental epilepsy, mental retardation, and severe speech impairment. *Eur J Hum Genet*, 2011, 19: 102 – 107.

[40] Burnside R. D. , Pasion R. , Mikhail F. M. , et al. Microdeletion/microduplication of proximal 15q11. 2 between BP1 and BP2: a susceptibility region for neurological dysfunction including developmental and language delay. *Hum Genet*, 2011, 130: 517 – 528.

[41] Carmona – Mora P. , Canales C. P. , Cao L. , et al. RAI1 transcription factor activity is impaired in mutants associated with Smith – Magenis syndrome. *PLoS One*, 2012, 7.

[42] Carr C. W. , Moreno – De – Luca D. , Parker C. , et al. Chiari I malformation, delayed gross motor skills, severe speech delay, and epileptiform discharges in a child with FOXP1 haploinsufficiency. *Eur J Hum Genet*. 2012, 18: 1216 – 1220.

[43] Carroll. *Endless Forms Most beautiful: the new science of evo – devo and the making of the animal kingdom*. New York: W. W. Norton&Co. , 2005a.

[44] Carroll. Evo – Devo and an expanding evolutionary synthesis: a genetic theory of morphological evolution. *Cell*, 2008, 134: 25 – 36.

[45] Chilian B. , Abdollahpour H. , Bierhals T. , et al. Dysfunction of SHANK2 and CHRNA7 in a patient with intellectual disability and language impairment supports genetic epistasis of the two loci. *Clin Genet*, 2013, doi: 10. 11 11/cge. 12105.

[46] Ching M. S. , Shen Y. , Tan W. H. , et al. Deletions of NRXN1 (neurexin – 1) predispose to a wide spectrum of developmental disorders. *Am J Med Genet B Neuropsychiatr Genet*, 2010, 153B: 937 – 947.

[47] Chow M. L. , Pramparo T. , Winn M. E. , et al. Age – dependent brain gene expression and copy number anomalies in autism suggest distinct pathological processes at young versus mature ages. *PLoS Genet*, 2012, 8 (3).

[48] Chung R. H. , Ma D. , Wang K. , et al. An X chromosome – wide

association study in autism families identifies TBL1X as a novel autism spectrum disorder candidate gene in males. *Mol Autism*, 2011, 2: 18.

[49] Condro M. C., White S. A. Distribution of language - related Cntnap2 protein in neural circuits critical for vocal learning. *J Comp Neurol*. 2013, doi: 10.1002/cne. 23394.

[50] Constance S., Jana P. Evo - devo, deep homology and FoxP2: implications for the evolution of speech and language. *Philosophical Transactions of the Royal Society B*, 2011, 366 (1574).

[51] Courcet J. B., Faivre L., Malzac P., et al. The DYRK1A gene is a cause of syndromic intellectual disability with severe microcephaly and epilepsy. *J Med Genet*, 2012, 49: 731 - 736.

[52] Crow T. J. Handedness, language lateralisation and anatomical asymmetry: relevance of protocadherin XY to hominid speciation and the aetiology of psychosis. Point of view. *Br J Psychiatry*, 2002, 181: 295 - 297.

[53] Darwin C. *Variation of plants and animals under domestication*. London: John Murray, 1868.

[54] Delahaye A., Khung - Savatovsky S., Aboura A., Pre - and postnatal phenotype of 6p25 deletions involving the FOXC1 gene. *Am J Med Genet A*, 2012, 158A: 2430 - 2438.

[55] DeScipio C., Conlin L., Rosenfeld J., et al. Subtelomeric deletion of chromosome 10p15. 3: clinical findings and molecular cytogenetic characterization. *Am J Med Genet A*, 2012, 158A: 2152 - 2161.

[56] Elsabbagh M., Cohen H., Cohen M., et al. Severity of hyperacusis predicts individual differences in speech perception in Williams Syndrome. *J Intellect Disabil Res*, 2011, 55: 563 - 571.

[57] Ercan - Sencicek A. G., Davis Wright N. R., Frost S. J., et al. Searching for Potocki - Lupski syndrome phenotype: a patient with language impairment and no autism. *Brain Dev*, 2012, 34: 700 - 703.

[58] Estigarribia B., Martin G. E., Roberts J. E. Cognitive, environ-

mental, and linguistic predictors of syntax in fragile X syndrome and Down syndrome. *J Speech Lang Hear Res*, 2012, 6: 1600 - 1612.

[59] Fisch G. S., Carpenter N., Howard - Peebles P. N., et al. Developmental trajectories in syndromes with intellectual disability, with a focus on Wolf - Hirschhorn and its cognitive - behavioral profile. *Am J Intellect Dev Disabil*, 2012, 117: 167 - 179.

[60] Fisher S. E., Marcus G. F. The eloquent ape: genes, brains and the evolution of language. *Nat Rev Genet*, 2006, 1: 285.

[61] Fisher S. E., Matt Ridley. Culture, genes, and the human revolution. *Science*, 2013, 340: 929 - 930.

[62] Fitch W., "Deep homology" in the biology and evolution of human language. [C] //Anna, M. D. S, Cedric Boeckx. *The Biolinguistic Enterprise - New Perspectives on the Evolution and Nature of the Human Language Faculty*. Oxford: Oxford University Press, 2011.

[63] Fujita H., Sugihara I. FoxP2 expression in the cerebellum and inferior olive: development of the transverse stripe - shaped expression pattern in the mouse cerebellar cortex. *J Comp Neurol*, 2012, 520: 656 - 677.

[64] Gaub S., Groszer M., Fisher S. E., et al. The structure of innate vocalizations in Foxp2 - deficient mouse pups. *Genes Brain Behav*, 2010, 9: 390 - 401.

[65] Girotto G., Pirastu N., Sorice R., et al. Hearing function and thresholds: a genomewide association study in European isolated populations identifies new loci and pathways. *J Med Genet*, 2011, 48: 369 - 374.

[66] Goldberg J. H., Adler A., Bergman H., et al. Singing - related neural activity distinguishes two putative pallidal cell types in the songbird basal ganglia: comparison to the primate internal and external pallidal segments. *J Neurosci*, 2010, 30: 7088 - 7098.

[67] Gopnik M. Feature - blind grammar and dysphasia. *Nature*, 1990, 344 (6288): 715.

[68] Grayton H. M., Fernandes C., Rujescu D., et al. Copy number variations in neurodevelopmental disorders. *Prog Neurobiol*, 2012, 99: 81-91.

[69] Gregor A., Albrecht B., Bader I., et al. Expanding the clinical spectrum associated with defects in CNTNAP2 and NRXN1. *BMC Med Genet*, 2011, 12: 106.

[70] Guerrini R., Parrini E. Epilepsy in rett syndrome, and CDKL5 - and FOXG1 - gene - related encephalopathies. *Epilepsia*, 2012, 53: 2067-2078.

[71] Hamdan F. F., Daoud H., Rochefort D., et al. Denovo mutations in FOXP1 in cases with intellectual disability, autism, and language impairment. *Am J Hum Genet*, 2010, 87: 671-678.

[72] Hannes F., Hammond P., Quarrell O., et al. A microdeletion proximal of the critical deletion region is associated with mild Wolf - Hirschhorn syndrome. *Am J Med Genet A*, 2012, 158A: 996-1004.

[73] Hauser M. D., Chomsky N., Fitch W. T. The faculty of language: what is it, who has it, and how did it evolve?. *Science*, 2002, 298: 1569-1579.

[74] Hauser M. D. Ontogenetic changes in the comprehension and production of vervet monkey (Cercopithecus aethiops) vocalizations. *J Comp Psychol*, 1989, 103: 149-158.

[75] Hisaoka T., Nakamura Y., Senba E., et al. The forkhead transcription factors, Foxp1 and Foxp2, identify different subpopulations of projection neurons in the mouse cerebral cortex. *Neuroscience*, 2010, 166: 551-563.

[76] Horn D., Kapeller J., Rivera - Brugues N., et al. Identification of FOXP1 deletions in three unrelated patients with mental retardation and significant speech and language deficits. *Hum Mutat*, 2011, 31.

[77] Hünemeier T., Gómez - Valdés J., Ballesteros - Romero M., et al. Cultural diversification promotes rapid phenotypic evolution in Xavánte Indi-

ans. *Proceedings of the National Academy of Sciences of the United States of America*, 2012, 109 (1): 73 - 77.

[78] Ierardo G., Luzzi V., Panetta F. Noonan syndrome: a case report. *Eur J Paediatr Dent*, 2010, 11: 97 - 100.

[79] Janik V. M., Slater P. J. B. The different roles of social learning in vocal communication. *Anim Behav*, 2000, 60: 1 - 11.

[80] Jarvinen A., Korenberg J. R., Bellugi U. The social phenotype of Williams syndrome. *Curr Opin Neurobiol*, 2013, 23: 414 - 422.

[81] Jenkins L. *Biolinguistics: Exploring the Biology of Language*. Cambridge: Cambridge University Press, 2000.

[82] Kalkman H. O. A review of the evidence for the canonical Wnt pathway in autism spectrum disorders. *Mol Autism*, 2012, 3: 10.

[83] Kang C., Riazuddin S., Mundorff J., et al. Mutations in the lysosomal enzyme - targeting pathway and persistent stuttering. *N Engl J Med*, 2010, 362: 677 - 685.

[84] Kistner - Griffin E., Brune C. W., Davis L. K., et al. Parent - of - origin effects of the serotonin transporter gene associated with autism. *Am J Med Genet B Neuropsychiatr Genet*, 2010, 156 (2): 139 - 144.

[85] Klein R. G. *The Dawn of Human Culture*. New York: Wiley, 2002.

[86] Kortum F., Das S., Flindt M., et al. The core FOXG1 syndrome phenotype consists of postnatal microcephaly, severe mental retardation, absent language, dyskinesia, and corpus callosum hypogenesis. *J Med Genet*, 2011, 48: 396 - 406.

[87] Kos M., van den Brink D., Snijders T. M., et al. CNTNAP2 and language processing in healthy individuals as measured with ERPs. *PLoS One*, 2012, 7 (10): e46995.

[88] Krause J. The derived FOXP2 variant of modern humans was shared with Neanderthals. *Curr Biol*, 2007, 17: 1908 - 1912.

[89] Laffin J. J., Raca G., Jackson C. A., et al. Novel candidate

genes and regions for childhood apraxia of speech identified by array comparative genomic hybridization. *Genet Med*, 2012, 14: 928 –936.

[90] Lamb A. N. , Rosenfeld J. A. , Neill N. J. , et al. Haploinsufficiency of SOX5 at 12p12. 1 is associated with developmental delays with prominent language delay, behavior problems, and mild dysmorphic features. *Hum Mutat*, 2012, 33: 728 –740.

[91] Lamminmaki S. , Massinen S. , Nopola –Hemmi J. , et al. Human ROBO1 regulates interaural interaction in auditory pathways. *J Neurosci*, 2012, 32: 966 –971.

[92] Lee C. G. , Park S. J. , Yim S. Y. , et al. Clinical and cytogenetic features of a Potocki –Lupski syndrome with the shortest 0. 25 Mb microduplication in 17q11. 2 including RAI1. *Brain Dev*, 2013, 35 (7): 681 –685.

[93] Lenneberg E. H. *Biological Foundations of Language*. New York: Wiley, 1967.

[94] Li G. , Wang J. , Rossiter S. J. , et al. Accelerated FoxP2 evolution in echolocating bats. *PLoS One*, 2007, 2.

[95] Liao W. , Gandal M. J. , Ehrlichman R. S. , et al. MeCP2 +/ – mouse model of RTT reproduces auditory phenotypes associated with Rett syndrome and replicate select EEG endophenotypes of autism spectrum disorder. *Neurobiol Dis*, 2012, 46: 88 –92.

[96] Lindstrand A. , Malmgren H. , Verri A. , et al. Molecular and clinical characterization of patients with overlapping 10p deletions. *Am J Med Genet A*, 2012, 152A: 1233 –1243.

[97] Losh M. , Martin G. E. , Klusek J. , et al. Social communication and theory of mind in boys with autism and fragile x syndrome. *Front Psychol*, 2012, 3: 266.

[98] Maricic T. , Gunther V. , Georgiev O. , et al. Recent evolutionary change affects a regulatory element in the human FOXP2 gene. *Mol Biol Evol*, 2012, 30: 844 –852.

[99] Matsson H., Tammimies K., Zucchelli M., et al. SNP variations in the 7q33 region containing DGKI are associated with dyslexia in the Finnish and German populations. *Behav Genet*, 2011, 41: 134 – 140.

[100] Mayr. E. *Populations, Species, and Evolution*. Massachusetts: Harvard University Press, 1977.

[101] McCarthy M. M. Sexual differentiation of the brain in man and animals: of relevance to Klinefelter syndrome? *Am J Med Genet C Semin Med Genet*, 2013, 163: 3 – 15.

[102] Meader C. L., Muyskens J. H. *Handbook of Biolinguistics*. Toledo: Herbert C Weller, 1959.

[103] Mervis C. B., John A. E. Cognitive and behavioral characteristics of children with Williams syndrome: implications for intervention approaches. *Am J Med Genet C Semin Med Genet*, 2010, 154C: 229 – 248.

[104] Miller G. What Is the Biological Basis of Consciousness. *Science*, 2005, 309: 75.

[105] Miller J. E., Hilliard A. T., White S. A. Song practice promotes acute vocal variability at a key stage of sensorimotor learning. *PLoS One*, 2010, 5: e8592.

[106] Morar B., Dragovic M., Waters F. A., et al. Neuregulin 3 (NRG3) as a susceptibility gene in a schizophrenia subtype with florid delusions and relatively spared cognition. *Mol Psychiatry*, 2011, 16: 860 – 866.

[107] Muller G. Evo – devo: extending the evolutionary synthesis. *Nature review genetics*, 2007, 8: 943 – 949.

[108] Neul J. L., Kaufman W. E., Glaze D. G., et al. Rett syndrome: revised diagnostic criteria and nomenclature. *Annals Neurol*, 2010, 68: 944 – 950.

[109] Newbury D. F., Monaco A. P. Genetic advances in the study of speech and language disorders. *Neuron*, 2010, 68: 309 – 320.

[110] Newbury D. F., Winchester L., Addis L., et al. CMIP and

ATP2C2 modulate phonological short – term memory in language impairment. *Am J Hum Genet*, 2009, 85: 264 – 272.

[111] Ouattara K., Lemasson A. Zuberbu hler K. Campbell's monkeys use affixation to alter call meaning. *PLoS One*, 2009, 4.

[112] O'Roak B. J., Deriziotis P., Lee C., et al. Exome sequencing in sporadic autism spectrum disorders identifies severe de novo mutations. *Nat Genet*, 2011, 43: 585 – 589.

[113] Pal D. K., Li W., Clarke T., et al. Pleiotropic effects of the 11p13 locus on developmental verbal dyspraxia and EEG centrotemporal sharp waves. *Genes Brain Behav*, 2010, 9: 1004 – 1012.

[114] Palumbo O., D'Agruma L., Minenna A. F. 3p14.1 De novo microdeletion involving the FOXP1 gene in an adult patient with autism, severe speech delay and deficit of motor coordination. *Gene*, 2012, 516: 107 – 113.

[115] Pariani M. J., Spencer A., Graham J. M. Jr., et al. A 785 kb deletion of 3p14.1p13, including the FOXP1 gene, associated with speech delay, contractures, hypertonia and blepharophimosis. *Eur J Med Genet*, 2009, 52: 123 – 127.

[116] Pebrel – Richard C., Kemeny S., Gouas L., et al. An atypical 0.8 Mb inherited duplication of 22q11.2 associated with psychomotor impairment. *Eur J Med Genet*, 2012, 55: 650 – 655.

[117] Pei H., Wu X., Liu T., et al. The histone methyltransferase MMSET regulates class switch recombination. *J Immunol*, 2013, 190 (2): 756 – 763.

[118] Penagarikano O., Geschwind D. H. What does CNTNAP2 reveal about autism spectrum disorder?. *Trends Mol Med*, 2012, 18: 156 – 163.

[119] Peter B., Matsushita M., Raskind W. H. Motor sequencing deficit as an endophenotype of speech sound disorder: a genome – wide linkage analysis in amultigenerational family. *Psychiatr Genet*, 2012, 22: 226 – 234.

[120] Peters S. U., Kaufmann W. E., Bacino C. A., et al. Alterations

in white matter pathways in Angelman syndrome. *Dev Med Child Neurol*, 2011, 53: 361 – 367.

[121] Peterson R. L., Pennington B. F. Developmental dyslexia. *Lancet*, 2012, 379: 1997 – 2007.

[122] Petrin A. L., Giacheti C. M., Maximino L. P., et al. Identification of a microdeletion at the 7q33 – q35 disrupting the CNTNAP2 gene in a Brazilian stuttering case. *Am J Med Genet A*, 2010, 152A: 3164 – 3172.

[123] Phelan K., McDermid H. E. The 22q13. 3 deletion syndrome (Phelan – McDermid syndrome). *Mol Syndromol*, 2012, 2: 186 – 201.

[124] Pierpont E. I., Weismer S. E., Roberts A. E., et al. The language phenotype of children and adolescents with Noonan syndrome. *J Speech Lang Hear Res*, 2010, 53: 917 – 932.

[125] Pinker S. *The Language Instinct: How the Mind Creates Language*. New York: Harper Collins, 1994.

[126] Pinel P., Fauchereau F., Moreno A., et al. Genetic variants of FOXP2 and KIAA0319/TTRAP/THEM2 locus are associated with altered brain activation in distinct language related regions. *J Neurosci*, 2012, 32: 817 – 825.

[127] Pratt D. W., Warner J. V., Williams M. G. Genotyping FOXG1 mutations in patients with clinical evidence of the FOXG1 syndrome. *Mol Syndromol*, 2013, 3: 284 – 287.

[128] Priddle T. H., Crow T. J. Protocadherin 11X/Y a human – specific gene pair: an immunohistochemical survey of fetal and adult brains. *Cereb Cortex*, 2013, 23: 1933 – 1941.

[129] Purser H. R., Thomas M. S., Snoxall S., et al. Definitions versus categorization: assessing the development of lexico – semantic knowledge in Williams syndrome. *Int J Lang Commun Disord*, 2011, 46: 361 – 373.

[130] Raca G., Baas B. S., Kirmani S., et al. Childhood apraxia of speech (CAS) in two patients with 16p11. 2 microdeletion syndrome. *Eur J Hum Genet*, 2013, 21: 455 – 459.

[131] Ramocki M., Peters S. U., Tavyev Y. J., et al. High penetrance of autism and other neuropsychiatric symptoms in individuals with MECP2 duplications. *Ann Neurol*, 2009, 66: 771-782.

[132] Reimers-Kipping S., Hevers W., Paääbo S., et al. Humanized Foxp2 specifically affects cortico-basal ganglia circuits. *Neuroscience*, 2011, 175: 75-84.

[133] Reutlinger C., Helbig I., Gawelczyk B., et al. Deletions in 16p13 including GRIN2A in patients with intellectual disability, various dysmorphic features, and seizure disorders of the rolandic region. *Epilepsia*, 2010, 51: 1870-1873.

[134] Riaz N., Steinberg S., Ahmad J., et al. Genomewide significant linkage to stuttering on chromosome 12. *Am J Hum Genet*, 2005, 76: 647-651.

[135] Rice M. L. Toward epigenetic and gene regulation models of specific language impairment: looking for links among growth, genes, and impairments. *J Neurodev Disord*, 2012, 4: 27.

[136] Santos M. E., Athanasiadis A., Leitao A. B. Alternative splicing and gene duplication in the evolution of the FoxP gene subfamily. *Mol Biol Evol*, 2011, 28: 237-247.

[137] Scerri T. S., Paracchini S., Morris A., et al. Identification of candidate genes for dyslexia susceptibility on chromosome 18. *PLoS One*, 2010, 5 (10).

[138] Schulz S. B., Haesler S., Scharff C., et al. 2010 Knockdown of FoxP2 alters spine density in Area X of the zebra finch. *Genes Brain Behav*, 2010, 9: 732-740.

[139] Sehested L. T., Moller R. S., Bache I., et al. Deletion of 7q34-q36.2 in two siblings with mental retardation, language delay, primary amenorrhea, and dysmorphic features. *Am J Med Genet A*, 2010, 152A: 3115-3119.

[140] Sherman M. Universal genome in the origin of Metazoa: thoughts about evolution. *Cell Cycle*, 2007, 6: 1873 - 1877.

[141] Shinawi M., Liu P., Kang S. H., et al. Recurrent reciprocal 16p11. 2 rearrangements associated with global developmental delay, behavioural problems, dysmorphism, epilepsy, and abnormal head size. *J Med Genet*, 2010, 47: 332 - 341.

[142] Soderstrom K., Luo B. Late - postnatal cannabinoid exposure persistently increases FoxP2 expression within zebra finch striatum. *Dev Neurobiol*, 2010, 70 (3): 195 - 203.

[143] Somel M., Liu X., Khaitovich P. Human brain evolution: transcripts, metabolites and their regulators. *Nat Rev Neurosci*, 2013, 14: 112.

[144] Speevak M. D., Farrell S. A. Non - syndromic language delay in a child with disruption in the Protocadherin11X/Y gene pair. *Am J Med Genet B Neuropsychiatr Genet*, 2011, 156B: 484 - 489.

[145] Spiteri E., Konopka G., Coppola G., et al. Identification of the transcriptional targets of FOXP2, a gene linked to speech and language, in developing human brain. *Am J Hum Genet*, 2007, 81: 1144 - 1157.

[146] Takahashi S., Matsumoto N., Okayama A. FOXG1 mutations in Japanese patients with the congenital variant of Rett syndrome. *Clin Genet*, 2012, 82: 569 - 573.

[147] Tartaglia M., Zampino G., Gelb B. D. Noonan syndrome: clinical aspects and molecular pathogenesis. *Mol Syndromol*, 2010, 1: 2 - 26.

[148] Thevenon J., Callier P., Andrieux J., et al. 12p13. 33 microdeletion including ELKS/ERC1, a new locus associated with childhood apraxia of speech. *Eur J Hum Genet*, 2013, 21: 82 - 88.

[149] Thomas M. S., Van Duuren M., Purser H. R., et al. The development of metaphorical language comprehension in typical development and in Williams syndrome. *J Exp Child Psychol*, 2010, 106: 99 - 114.

[150] Thompson C. K., Schwabe F., Schoof A., et al. Young and in-

tense: FoxP2 immunoreactivity in Area X varies with age, song stereotypy, and singing in male zebra finches. *Front Neural Circuits*, 2013, 7: 24.

[151] Tkach J. A., Chen X., Freebairn L. A., et al. Neural correlates of phonological processing in speech sound disorder: a functional magnetic resonance imaging study. *Brain Lang*, 2011, 119: 42-49.

[152] Toma C., Hervas A., Torrico B., et al. Analysis of two language-related genes in autism: a case-control association study of FOXP2 and CNTNAP2. *Psychiatr Genet*, 2012, 23: 82-85.

[153] Tomblin B. Co-morbidity of autism and SLI: kinds, kin and complexity. *Int J Lang Commun Disord*. 2011, 46: 127-137.

[154] Trubetzkoy N. S. *Grundzüge der Phonologie* (published in 1939), translated by C. Baltaxe as *Principles of Phonology*. California: University of California Press, 1969.

[155] Tsui D., Vessey J. P., Tomita H., et al. FoxP2 regulates neurogenesis during embryonic cortical development. *J Neurosci*, 2013, 33: 244-58.

[156] Turing A., Wardlaw C. W. A diffusion reaction theory of morphogenesis, the collected works of Alam Turing: Morphogenesis (1st publ. 1983). Amsterdam: North-Holland, 1992.

[157] Uchino S., Waga C. SHANK3 as an autism spectrum disorder associated gene. *Brain Dev*, 2013, 35: 106-110.

[158] Uy JAC, Patricelli G. L., Borgia G. Dynamic mate-searching tactic allows female satin bowerbirds Ptilonorhynchus violaceus to reduce searching. *Proc R Soc Lond B*, 2000, 267: 251-256.

[159] Van Bon B. W., Koolen D. A., Brueton L., et al. The 2q23. 1 microdeletion syndrome: clinical and behavioural phenotype. *Eur J Hum Genet*, 2010, 18: 163-170.

[160] Van Looij M. A., Meijers-Heijboer H., Beetz R., et al. Characteristics of hearing loss in HDR (hypoparathyroidism, sensorineural deafness,

renal dysplasia) syndrome. *Audiol Neurootol*, 2006, 11: 373 - 379.

[161] Vernes S. C., Newbury D. F., Abrahams B. S., et al. A functional genetic link between distinct developmental language disorders. *N Engl J Med*, 2008, 359: 2337 - 2345.

[162] Vernes S. C., MacDermot K. D., Monaco A. P., et al. Assessing the impact of FOXP1 mutations on developmental verbal yspraxia. *Eur J Hum Genet*, 2009, 17: 1354 - 1358.

[163] Vernes S. C., Oliver P. L., Spiteri E., et al. Foxp2 regulates gene networks implicated in neurite outgrowth in the developing brain. *PLoS Genet*, 2011, 7.

[164] Vicari S., Mantovan M., Addona F., et al. Neuropsychological profile of Italian children and adolescents with 22q11. 2 deletion syndrome with and without intellectual disability. *Behav Genet*, 2011, 42: 287 - 298.

[165] Wang J. M., Koldewyn K., Hashimoto R., et al. Male carriers of the FMR1 premutation show altered hippocampalprefrontal function during memory encoding. *Front Hum Neurosci*, 2012, 6: 297.

[166] Weinreich D. M., Delaney N. F., Depristo M. A. Darwinian evolution can follow only very few mutational paths to fitter proteins. *Science*, 2006, 312: 111 - 114.

[167] Whitehouse A. J., Bishop D. V., Ang Q. W., et al. CNTNAP2 variants affect early language development in the general population. *Genes Brain Behav*, 2011, 10: 451 - 456.

[168] Williams S. R., Mullegama S. V., Rosenfeld J. A., et al. Haploinsufficiency of MBD5 associated with a syndrome involving microcephaly, intellectual disabilities, severe speech impairment, and seizures. *Eur J Hum Genet*, 2011, 18: 436 - 441.

[169] Wilson B. J., Sundaram S. K., Huq A. H., et al. Abnormal language pathway in children with Angelman syndrome. *Pediatr Neurol*, 2011, 44: 350 - 356.

[170] Wrangham R. *Catching Fire: How Cooking Made Us Human*. New York: Basic Books, 2009.

[171] Zarbalis K., Choe Y., Siegenthaler J. A., et al. Meningeal defects alter the tangential migration of cortical interneurons in Foxc1hith/hith mice. *Neural Dev*, 2012, 7: 2.

[172] Zellig H. *Methods in Structural Linguistics*. Chicago: University of Chicago Press, 1951.

[173] Zhao Y., Ma H., Wang Y., et al. Association between FOXP2 gene and speech sound disorder in Chinese population. *Psychiatry Clin Neurosci*, 2010, 64: 565 - 573.

[174] Zweier M., Rauch A. The MEF2C - related and 5q14. 3q15 microdeletion syndrome. *Mol Syndromol*, 2012, 2: 164 - 170.